I0154719

NOTICE

DES LIVRES ET MANUSCRITS

COMPOSANT

LA BIBLIOTHÊQUE
DE FEU LE C. BEAUCOUSIN,

HOMME DE LOI,

Dont la Vente se fera en sa Maison, Cloître Notre-Dame, N°. 31, le 7 Ventôse an 7, & jours suivans, quatre heures de relevée.

58,001

SE DISTRIBUE,

A PARIS,

Chez MERLIN, Libraire, rue du Hurepoix, n°. 13, près du Pont Saint-Michel.

AN VII.

La Bibliothèque dont nous publions la Notice, est celle d'un homme connu par son amour pour les Lettres. Si elle présente peu d'articles séduisans pour celui qui ne recherche que le luxe des éditions, ou l'éclat des reliures, le Bibliophile en trouvera qui satisferont son goût, exciteront même ses desirs. Outre le mérite intrinsèque de la rareté ou de la singularité, nombre des Livres sont encore remarquables par les notes des différens savans auxquels ils ont appartenu. Il s'en faut bien que nous donnions ici tout ce que la Bibliothèque a de recommandable; l'état dans lequel nous l'avons trouvé, et la nécessité d'une prompte vente, nous ont forcé à laisser de côté beaucoup d'articles qu'il n'eût pas été inutile de faire connoître. Ainsi, tout ce qui sera vendu hors de la Notice, au commencement et dans le cours de chaque vacation, ne doit pas être regardé comme sans valeur.

La Biographie ayant été l'étude favorite du C. Beaucousin, il s'étoit formé sur cette par-

tie, une Collection précieuse par son en-
semble : c'est celle annoncée au nº. 642;
elle renferme des Pièces qu'on chercheroit
vainement ailleurs; il serait donc à désirer
que cette Collection ne fût pas démembrée;
nous la proposerons à la fin de la deuxième
vacation, et nous ne nous déterminerons à la
vendre par lots, et en détail, qu'autant qu'il
n'y aura point Amateur pour sa totalité.

Nota. *Nous nous chargerons des Commis-
sions qui nous seront adressées.*

THÉOLOGIE.

1 BIBLIA S. L. Par. 1666, in-4. — Bible de Sacy; de Carrieres, & Hist. des 4 Evangelistes par le même. — Novum Testamentum Par. 1697, m. v. d. s. tr. — Nouveau Testament trad. en François, 1531, fig. en bois. v. br. 10 vol. in-8. & in-12.

2 Lamy harmonia & concordia quatuor Evangelist. Par. 1701. Nice-Toinard. Evangeliorum harmonia, Græco-Latina, ibid. 1707. gd. in-fol. v. br. — Harmonia Evangelica. Par. 1544, in-8. fig. en bois. — Concorde des 4 Evangelistes, par Leroux. Par. 1712, in 8.

3. Joa. Bourghesii Vitæ, Passionis & Mortis J. C. Mysteria. Antuerpiæ, 1622, in-8. fig. de Bolswert. — Barth. Riccii Vita J. C. ex verbis Evangeliorum concinnata. Romæ. 1607, in-8. fig. — Hist. de la vie & des miracles de J. C. par D. Calmet. Paris, 1720, in-12. fig — J. C. Virginis Mariæ, S. Jo. Baptistæ & S. Joannis Apost. vitæ iconibus ab Ad. Collart expressæ, in-12.

4 Hon. Niqueti Titulus S. Crucis. Par. 1648, in-8. v. br. avec la fig. — Corona J. Ch. vulnerum, per Guil. de Wac a Uronesten. Antuerpiæ, 1649, in-8. fig. — Cons. Curtius de Clavis Dominicis. Antuerpiæ, 1670, in-12. fig. — Perpetuelle croix ou Passion de J. C., par Florentin Lambert. Paris, in-12. f. d. fig. de Herman Weyen.

5 S. Bibliorum Concordantiæ. Coloniæ Agr. 1684, in-8. v. br.

6 Hebræa, Chaldæa, Græca & Latina nomina virorum, mulierum, &c. quæ in Bibliis leguntur. Par. Rob. Steph. 1537, in-8.

7 Notice de l'Ecriture Sainte, par Colome. Paris, 1773, in-8. — Situation du Paradis terrestre, par Huet. ibid. 1691, in-12. v. br.

8 Liturgiæ, sive Missæ SS. Patrum, ed. Cl. Sainctes. Antuerpiæ, 1562, in-8. — Heures à l'usage de Noyon. Paris, Simon Vostre, 1502, in 8. fig. goth. — Horæ in laudem B. V. Mariæ. Par. Simon Colinœus, 1525, in-8. fig. goth. & 10 autres vol. de Liturgie.

8 *bis.* 9 vol. in-4. in-8. & in-12 mss. de Liturgie, & Théologie morale et mystique, dont Liber præcationum Æthiopicarum, d'une écriture très-lisible du 17. siecle.

A

9 Henr. Engelgrave Lux Evangelica. Coloniæ, 1659, 4 v.
in-12. vel. fig. — Ejufdem Cœlum Empyreum. Ibid. 1669,
2 v. in-12. v. br.

10 Exercice fpirituel du Chrétien, in-12. mff. fur papier,
d'une très belle écriture moderne, avec 37 jolies vignettes
& cul-de-lampes.

11 Lactantii Firmiani opera. Venetiis, 1521; Sidonii Apolli-
naris Poema aureum & Epiftolæ. Mediolani, 1498, in-fol.

12 Lactantii Firmiani opera, cum ejufdem carminibus de
Phœnice et Resurrectione Domini, necnon libro qui di-
citur Nephythormon. Parifiis, 1509, in-4. — Anthologia
Lactantii. Lugd. 1558, in-8., *avec la fignature d'Etienne
Baluze.*

13 Fr. Jo. de Tambaco liber de confolatione Theologiæ.
Editio vetus abfque loci & anni nota, in-fol.

13 *bis.* P. de Ailliacus in libros fententiarum. Argentinæ,
1490, in-fol.

14 Le Guide fidele de la vraie gloire, par Barenger. Paris,
1688, fig. & texte gravé in 8. — Et fix autres traités de
Théologie morale avec figures, in 12.

15 Œuvres de Thiers, 38 vol. in 12 (manquent les obfervations fur le Bréviaire de Cluny.)

16 Le Quadragefimal fpirituel, ou Carême allégorié pour
enfeigner le fimple peuple à duement et falutairement jeû-
ner & voyager. Paris, 1565. — Differtation fur les
Exorcifmes, &c. par Duguet. ibid. 1727. — Difcours fur
la Comédie, par P. Lebrun. Ibid. 1731. — Lettres fur
les fpectacles, par de Boiffy. Paris, 1780, 5 vol. in-12.

17 Traité contre les Mafques, par Savaron. — Homelia B.
Auguftini & Sorbonæ decretalis Epiftola contra Feftum Fa-
tuorum. Parifiis, 1611, in-8. v. br. — Jof. Colardeau Lar-
viña, Satyricon, in chorearum lafcivias & perfonata tripu-
dia. Ibid. 1619, in 8.

18 De luxu & abufu veftium noftri temporis, per Jo. Frid.
Matanefium. Coloniæ, 1612, in-8. — Traité de l'Etat
honnête des Chrétiens en leur accouftrement, par Jean
de Laon, 1580. — Traité de l'habit honnête du Chrétien,
par Perez. Paris, 1654. — Difcours traitant de l'antiquité,
utilité, excellence & prérogatives de la pelleterie & fourure,
par Charrier. Paris, 1634, 3 vol. in-8. — Hiftorica difquifitio de re veftiariâ hominis facri (Aut. Jac. Boileau).
Amftelod. 1704, in-12.

19 De Imitatione Chrifti libri IV, ed. Valart. Parifiis, Bar-
bou, 1758, in-12. v. fil. d. s. t. & ed. Nic. Beauzée, ex

iifdem typis, 1787, in-32. v. d. f. tr. — Viator Chriftianus,
Col. Agr. 1669 , p. in-12. m. r. fig.

21 Imitatio Chrifti verfibus heroïcis traducta à D. du Quefnay
de Boifguibert. Par. 1729, in 8. v. br. — Eadem verfibus
elegiacis reddita. Bruxellæ , 1649 , p. in-12.

22 Voyage du Chrétien & de la Chrétienne vers l'éternité ,
trad. de l'anglois de Jean Bunian. Bafle, 1728, 2 v. in-12.
fig. v. m. — Lud. Befombes de S. Genies tranfitus animæ
revertentis ad jugum J. C. Montalbani, 1788, in-12. v. m.

23 Pélerinage de Colombelle & de Volontairette vers leur
Bien-Aimé dans Jérufalem. Anvers, 1636, in-12, fig. v.
br. — Le même, Liège, 1734, in-12. fig. v. br.

24 Herm. Hugonis pia Defideria. Antuerpiæ, 1628, in-12.
fig. — L'ame amante de fon Dieu. Cologne, 1717,
in-12. fig.

25 Bened. Haefteni fchola cordis, & regia via crucis. Antuerpiæ, 1635, 2 vol. in-8. fig. — Aug. Chefneau Orpheus
Euchariſticus. Parifiis, 1659, in-8. fig. — Le même, trad.
en françois. Ibid. 1667 , in-8. fig.

26 Théologie natur. de Raym. Sebon, trad. en françois par
Montaigne. Paris, 1569, in-8. — Les 3 livres des Louan-
ges divines du C. al Boromée, trad. de l'italien par Lemoine.
Paris, 1724, in-8. — Théologie de l'eau, trad. de l'Allemand de Fabricius. Paris, 1743 , in-8.

27 Démonft. de l'exiſtence de Dieu, par Fenelon. Par. 1718,
in-12. *Exre. dont les marges font chargées de notes* mſſ.
*attribuées au fameux Meſlier , Curé d'Etrepigny , dont
on a publié le Teſtament.*

28 Ulrichi de Hutten Dialogi. Lovanii, 1521, in-4. —
Ejuſdem aula, Phalarifmus, febris. Par. 1519; de Guaiaci
medecina & morbo gallico liber unus. Bafileæ, 1519;
& in Hier. Alexandrum & Mar. Curacciolum invectivæ;
in Cardinales, Epiſcopos & facerdotes Lutherum vormaciæ
oppugnantes invectivæ, ad Car. Imper. pro Luthero ex-
hortatoria, *abſque anni & loci indic.* in-4. — Ejuſdem
de Guaiaci medicinâ & morbo gallico liber unus. Moguntiæ,
1524, in-4. — Expérience & approb. de Hutten touchant
la maladie du bois dit *Guaiacum* pour circonvenir & dé-
chaffer la maladie de Naples, trad. & interpretée par J.
Cheradame Hypocrates. Paris, *s. d.* in-4. — La même, ibid.
Philippe Lenoir, in-4.

29 Protevangelion Divi Jacobi Minoris, autore G. Poſtel.
Argentorati, 1570, in-18. v. br. — Des Hiſtoires orien-

A 2

tales & principalement des Turkes ou Turchikes & Sche-
tiques, par le même. Paris, 1575, in-16. v. br.
*On vendra à la suite de ce N.º divers Traités
d'Auteurs, ortodoxes & hétérodoxes, peu communs,
mais que le tems n'a pas permis de décrire.*

30 Les Princesses Malabares, ou le Célibat philosophique.
Andrinople, 1734, édit. de Hollande & de France. —
Observations sur le Célibat des Prêtres, in-12. — Avantages du Mariage, & combien il est nécessaire aux Prêtres
d'épouser une hile chrétienne. Bruxelles, 1758, 2 v. in 12.

31 Th. Brown Religio Medici, cum annotationibus. Argent.
1665, in-12. — Taxa S. Cancellariæ apostolicæ cum notis.
Franequeræ, 1651, in-12. — Lettre sur l'exacte confor-
mité entre le Papisme & la Religion des Romains d'aujourd'huy dérivés de leurs ancêtres Payens, trad. de l'Anglois de Conyers Midleton. Amsterd. 1744, in-12.

JURISPRUDENCE.

32 Esprit des Loix, par Montesquieu. Genève, 1750. —
Essai historique sur les Loix, trad. de l'Angl. par Bouchaud.
Paris, 1766. — Théorie des Lois civiles, par Linguet.
Londres, 1767. En tout, 6 vol. in-12.

33 Heineccii antiquitatum Rom. jurisprudentiam illustran-
tium Syntagma. Basileæ, 1752. — Ejusdem Elementa
juris civilis. Francof. ad M. 1770, 2 v. in-8. — Phil. Vicat
Vocabularium juris utriusque. Neapoli, 1740. En tout
6 vol. in-8.

34 Éloquence du Barreau; de officio Advocati, ex diversis
autoribus; Eloge & Devoirs de la profession d'Avocat,
Règles pour former un avocat; Lettres sur la profession
d'Avocat. — De Nequitiâ advocatorum, Siesæ Has, in-
12. avec la fig. & un très-grand nombre de pièces sur l'ordre
des Avocats & des Procureurs, dont il sera fait plusieurs
lots.

35 Statuts du Royaume de la Bazoche. Paris, 1654. —
Noblesse & antiquité des Clercs, par Gastier. Ibid. 1631.
Le Miroir de Patience, ou la Misère des Clercs de Pro-
cureur. Ibid. 1714. — Autre Poëme sous le même Titre.
Ibid. 1628. — La Bazoche, Poëme. — Avis important
d'un Clerc de 8 jours, à l'Auteur du Poëme de la Bazoche. — La Bazoche couronnée. — Adieu à mes Con-

frères les Clercs de Procureurs au Parlement. — Le Triomphe de la Bazoche, par Tiguel. — La Bazochéide, 10 pièces in-8. & in-12.

36 H. Grotius de jure belli. Paris, c. n. v., ed. Joanne Barbeyrac. Amst. 1720, in-8. v. br. — Du Droit des Magistrats sur leurs Sujets, publié par ceux de Magdebourg en 1550, 1575, in-16. v. m.

37 And. Alciati liber de singulari certamine, & consilium in materiâ duelli. Venitiis, 1544. — Le même trad. en françois. Paris, 1550. — Hist. prodigieuse du Fantôme cavalier follici eur qui s'est battu en duel le 27 janvier 1615. — Le Combat des Seigneurs d'Aguerre & de Feudilles. Sedan 1621. = Exhortation à la Noblesse pour la dissuader des duels, par Sorbin. Paris, 1578. — Avis sur la présentation de l'Edit contre la damnable coutume des duels. Paris, 1694. — Traité des Cérémonies & Ordonnances appartenans à gage de bataille & combats en champ-clos, par P. Demont Bourcher. Ibid. 1608. — Le Combat seul à seul en champ clos, par Marc de la Beraudière. Ibid. 1608, in-4. — Discours notables des duels où est montré le moyen de les arracher entièrement, par de Chevalier. Ibid. 1609. — Avis sur les duels. Ibid. 1609. I. & II. Traités contre les duels, & traité de l'Epée Françoise, par Savaron. Paris, 1610 & 1615. — Anti-duel, par Guil. Joly. Ibid. 1612. — Remontrances au Roi contre les duels, par P. de Fenvillet. Ibid. 1615. — Avis & moyens pour empêcher le désordre des duels, par de Chabans. Ibid. 1615. = Ant. Massa contra usum duelli. Tubingæ, 1620. — Arrêt du Parlement à l'encontre de Billy pour avoir contrevenu aux défenses du duel. Paris, 1623. — Le Remède des duels, 1624. — Remontrances contre les duels, par R. Hebert. Paris, 1625. — Invective, ou Discours satyrique contre les duels, par Gaffion. Ibid. 1629. — Edit. sur la Prohibition & Punition des duels. Paris, 1643. — Jani a W. Slicher dissertatio juridica de debito & legitimâ vindicatione existimationis, ubi & de duellis, Amstel. 1727. — Essai sur le point d'honneur, par Blondeau. Rennes, 1747. — L'Enormité du duel, trad. de l'italien. Berlin, 1783. — Le Duel considéré dans ses rapports historiques, moraux & constitutionels, par Gorguereau, 1791; & 7 autres Traités sur la même matière. En tout, 33 pièces in-8. & in-12.

38 Jani V. Gravinæ opera. Lipsiæ, 1737, in-4. 2 en 1 vol.

39 Jos. Aur. de Januario Respublica Jurisconsultorum & Fe-

riæ autumnales. Neapol. 1731 & 1752, 2 vol. in-4.
v. f. d. f. tr.

40 Histoire de la Jurisprudence Romaine, par Terrasson.
Paris, 1750, in-fol. Com^te. sur la Loi des 12 Tables, par
Bouchaud. Paris, 1787, in-4.

41 Ph. Buguyon Leges abrogatæ. Bruxellis, 1677, 2 v. in-4.

42 Pandectæ Justinianeæ. Parisiis, 1748, 3 vol. in-fol. v. m.

43 Ant. Augustini constitutionum græcarum codicis Justi-
niani collectio & interpretatio. Ilerdæ, 1567; & Juliani
novellarum Epitome; 2 vol in-8. dont le premier est
chargé des notes mss. de 3 Pithou oncles & neveu.
On vendra sous ce N°. des Ouvrages de Jurisprudence,
annotés de la main de célèbres Jurisconsultes.

44 Loix civiles, par Domat. Paris, 1745, in-fol. v. m.

45 Balduini Commentarius ad leges perduellionis. Par.
1563. — Scipionis Gentilis de conjurationibus, libri duo.
Hanoviæ, 1602, in 8. — Cl. Mondain de Seditiosis liber.
Lut. 1567, in-8. — Ant. Bombardinus de carcere, & anti-
quo ejus usu. Patavii, 1713, in 8.

46 Judicium pauperum, aut. Cl. Bertholio. Lutetiæ. Car.
Steph. 1554, in-4. vel. — Chimera, seu Phantasma men-
dicorum Par. 1607, in-8. v. br.

47 Le Conseil que P. de Fonteines donne à son ami, ou
Traité de l'ancienne Jurisprudence des François. p. in-4.
mss. sur vél., du 15e. siècle.

48 Anc. Coutume de Reims, 1794. in-fol. mss. sur vélin,
avec les signatures originales des Commissaires, & des
Officiers du Bailliage. — Cout. d'Artois par Maillart. —
Coutumier de Picardie & de Vermandois, 4 vol. in-fol.

49 Assises & bons usages du Royaume de Jérusalem. Paris,
1690, in-fol. v. br.

50 Œuvres de Pothier. Paris, 1767, in-12, 18 vol.

51 La Somme rurale compilée par Jehan Boutillier. Paris,
1486, in-fol. relié en bois; & ibid. 1502, in-4. — La
même avec les corrections de Charondas. Par. 1603,
in-4.

52 Denizart. Paris, 1768, 3 v. in-4.

53 Liber Decretalium, in-fol. mss. sur velin, du 14e.
siècle.

54 Sylvæ Nuptialis libri VI, autore Jo. Nevizano Astensi.
Lugduni, 1545, in-8. parc.h.

55 Rob. Sharrockii judicia, seu legum censuræ, de variis
incontinentiæ speciebus. Tubingæ, 1668, in-12.

56 Arreſtùm, ſive placitum Parlamenti Tholoſani continens
Hiſtoriam in caſu matrimoniali, admodum memorabi-
lem, adeòque prodigioſam, è gallico in lat. converſum,
per Hug. Surœum. Francof 1576, in-8.

57 Traité de la Diſſolution du Mariage par l'impuiſſance
ou froideur de l'Homme & de la Femme, par Hotman.
Paris, 1595, in-12.

58 Plaidoyer de Freidier contre l'introduction des Cadenats
ou Ceintures de Chaſteté. Montpellier, 1750, in-8. —
Extraits des Procès de Sodomie depuis 1540 juſqu'en
1742, in-4. mſſ. & autres pieces de procès, tant mſſ.
qu'imprimées, en matières délicates concernant les mœurs.

59 Capitulaire auquel eſt traité qu'un Homme né ſans
Teſticules apparens, eſt capable des œuvres du Mariage,
par Sébaſt. Rouillard. Paris, 1600, in-8.; le même. Ibid.
1604, in-8. — Synoptique, ou Démonſtration ſommaire
des principaux moyens du procès d'entre M. G. C. (Chan-
neau) appelant, & M. M. ſa femme intimée. — Palingenie, ou action reſſuſcité pour Nic. Abſolu contre
Mich. & G. les Retrous. — Le Divorce pour Ph. de Da-
muval, appelante contre F. D. ſon mari. — Brachylogie,
ou Abrégé du procès de Jean Comte de Cruege, contre
Gabr. du Faict. — Plainte ſur Rapt pour Dlle. F. G. D.
D. B. contre F. C. Sr. de la J. 8.

*Tous ces Ecrits de Seb. Rouillard, roulent ſur la
même matière.*

60 Plainte ſur Rapt; le Divorce, & Palingenie, par Séb.
Rouillard; de Jure Magiſtratum in ſubditos. Lugd. 1576;
& autres pièces dans le même vol. in-8.

61 Les Gymnopodes, ou de la Nudité des Pieds, par S.
Rouilliard. Paris, 1624, in-4. vel.

62 Proceſſus Juris Joco ſerius. Hanoviæ, 1611, in-8.

63 Traité ſur les Coutumes Anglo-Normandes, par Houard.
4 v. in 4. br. en c.

SCIENCES ET ARTS.

Philoſophie.

64 J. G. Heineccii Elementa Philoſ. ration. & nat. Amſtel.
1757, in-8. — Les Sciences & Secrets des Arts, après leſ-
quels ſuivent les principaux Secrets des Etats, par Fr.
Sedille. Paris, 1571. — Analogiſme de la Cognoiſſance

humaine, par F. l'Aîne. Paris, 1878, in-8. — Entrétiens sur les sciences, par le P. Lamy. Lyon, 1724, in-12.

65 Athenagoras de Resurrectione, & Xenocrates de Morte. Parisiis, *absque anni notâ* : Mercurius Trismegistus de potestate & sapientiâ Dei, per eumdem. Parisiis, 1494. — Plutarchus de placitis Philosophorum, per G. Budeum. Parisiis, 1505. — Prudentii poetæ Opera. Venetiis, Aldus, 1501. — Leonardus Aretinus de temporibus suis. Venetiis, 1485, in-4.

66 Plato ex vers. Ficini. Lugd. 1588, in-fol. v. f.

67 Vie de Pythagore & ses Vers dorés; Réflexions de l'Emp. Marc. Antonin, & Œuvres de Platon, trad. par Dacier. La République & le Banquet, du même, 8 vol. in-12.

68 Epicteti Enchiridion è gr. interpr. ab Aug. Politiano. Parisiis, 1545. — Ben. Theocreni (Tagliacarné) Poemata. Pictavii. 1536. Corn. Musii Imago Patientiæ & alia Poemata. *Ibid.* 1536, in-4. — Altercation en forme de dialogue de l'Emper. Adrian, & du Ph. Epictete, trad. du lat. par Jean de Coras. Lyon, 1596, p. in-4.

69 Pseudo-Ciceronis consolatio. Noribergæ, 1584. — La Consolation de Ciceron, trad. par E. B..... Paris, 1644; & par Morabin. Ibid. 1753, 3 vol. in-8. & in-12.

70 Boetius de Consolatione philosophiæ, in-4. mss. sur velin, du 15e. siecle, avec quelques ornemens à la première page, & lettres majuscules peintes en or.

71 *Idem* de Consolat. Philos., nec non de Disciplinâ scholarium, cum Comment. S. Thomæ, 1486, in-fol. *absque loci notâ.*

72 *Idem* de Consol. Philos. duplici cum comment. S. Thomæ & Badii; & de Disciplinâ scholarium, cum ejusd. Badii Explanatione. Rothomagi, 1503. — Auli Persii Explanatio cum Jo. Britannici interpretatione. Parisiis, 1505. — Tertia pars doctrinalis M. Alexandri, cum Explanatione Ascensianâ. Parisiis, 1504. — Merc. Trismegistus de Potestate & Sapientiâ Dei, ex versione Ficini. 1494. — Somnium Scipionis ex Cicerone excerptum, & Hier. Balbi in laudibus bellicis regis Pannoniæ carmen, *absque anni & loci notâ*, in-4. rel. en bois

73 *Idem* de Cons. Philos. necnon de Disciplinâ scholarium, cum comment. S. Thomæ, in-4. *absque loci & anni notâ.*

74 Idem de Consol. Philosophiæ, ex ed. Th. Pulmanni. Lugd. Bat. 1590, in-12; *cum metris quibusdam ejusd. alio tenore*

tenore carminis verſis à Sam. Foreſtio. mſſ. *Ex*ʳᵗ. *de Baluʒe.*

75 Conſolation de la Philoſophie de Boece, trad. par Jean de Mehun, mſſ. ſur pap. du 14ᵉ. ſiècle, in-4.
Imparfait de la 1ʳᵉ. *page.*

76 Boetii conſolatio Philoſophiæ, ex recenſ. Vallini. Lugd. Bat. 1656, in-8. v. br. — La Conſolation de la Philoſophie, trad. par le S. de Malaſſis. Paris, 1597, in-12. — Par le P. Ceriziers. Ibid. 1638, in-12. — Par D. Regnier. Ibid. 1676, in-12. — La même avec la vie de l'auteur, des Remarques Hiſtoriques & Critiques. Berlin, 1744, 2 vol. in-12. — La même trad. par Coleſſe. Paris, 1771, in-12. En tout, 7 vol.

77 Eſſais de M. de Montaigne, avec les notes de Coſte. La Haye, 1727, 5 vol. in-12. v. br. — Réponſe aux injures & railleries écrites contre M. de Montaigne. Paris, 1668, in-12 v. br.

78 De la Sageſſe, 3 livres, par P. Charron. Bourdeaux, 1601, in-8. v. br. fil. — Traité de Sageſſe compoſé par P. Charron, avec quelques Diſcours du même auteur. Paris, 1606, p. in-12. — Œuvres de P. Charron. Paris, 1635, in-4. — De la Sageſſe, par Charron, avec des commentaires par Nejean, in-8. tome 1ᵉʳ. juſques et y compris la lettre O. *C'eſt tout ce qui a paru de ce commentaire; des ordres ſupérieurs ayant arrêté la continuation de l'impreſſion, bien que le libraire Charpentier en eût obtenu le Privilége.*

79 Varia Cardani opera, ſc. de Sapientiâ, de prudentiâ civili, de propriâ vitâ, de utilitate ex diverſis capiendâ, ars curandi parva, de cauſis morborum, de libris propriis, de ſubtilitate. — Cardan de la ſubtilité trad. en françois, par Rich. Leblanc. Paris, 1524. — La ſcience du Monde & la Nobleſſe civile, par le même. Paris, 1645. — Scaligeri Exercitationes de Subtilitate. Francof. 1650. En tout, 15 vol. in 4., in-8. & in-12.

70 Baconis Opera. Lipſiæ, 1694, in-fol.

81 Hiſt. Philoſop. de l'Homme. — De Naturali hominum ſocialitate. — Philoſ. de Deſcartes, trad. en françois. — Recueil de quelques Pièces curieuſes ſur la Philoſ. de Deſcartes. — Les ſexes des eſprits, par le Noble. — Penſées libres ſur l'Homme, & Panagiana Panurgica, par de Premontval, 7 vol. in-8. & in-12.

B

Morale, *Education*, *Politique*, *Finances*, *Commerce*.

82 J. Nicii Erythrœi Exempla virtutum & vitiorum. — C. Paschalis Virtutes & Vitia. — J. Lipsius de Constantiâ. — Sa Traduction par Mettayer & par Lagrange. — Discours de la Constance par André Fremyot. — Discours de la Vaillance, par de Chevalier. — De l'Amitié, par M..... — Traité de la Probité. — De la Gloire, par de Sacy. — De la Jalousie. — De la Parresse. — De la Volonté. — Des Vertus & des Récompenses, in-8. & in-12, 15 vol.

83 Théâtre du monde, par Boistuau. Paris, 1572. — Mundus alter & idem. Ultrajecti, 1643, 2 vol. in-12.

84 Réflexions de la Rochefoucault, & Paroles mémorables recueillies par Gabriel Brotier. Paris, 1790, 2 vol. p. in-8. v. éc. fil d. f. tr. — Réflexions de la Rochef., mises en vers, par Boucher. Paris, 1684, in-12.

85 Les Préceptes de Phocylide, par Duché. = L'Art de devenir Heureux dans la Société. — La Vie heureuse, ou l'Homme content, fig. — L'Art de se tranquilliser dans tous les événemens de la vie, tiré du lat. d'Ant. Alp. de Sarafa, v. m., 4 v. in-12.

86 Dialogues sur les Plaisirs (attribué à Baudot de Jully). — Pièces Morales & Sentimentales de Mde. J. W. Londres, 1785, in-12. — Morale nat. & Bonheur des Sots, par Necker. 4 vol. in-8. & in-12.

87 Gabr. Palæotus, de bono Senectutis. — Considérations sur les avantages de la vieillesse, par le B. de Presle (N. Poncet). — L'Ami des Vieillards, par l'Ab. Roy. 3 vol. in-12 & in-18.

88 Les Œuvres de Shaftsbury, trad de l'anglois. Genève, 1769, 3 vol. in 8 v. ec.

89 Leçons de Morale de Gellert, & Vie & Lettres du même, trad. de l'Allem. La Haye, 1775. Lettres choisies du même, trad. par Huber. Leipsic, 1770, 6 vol. in-8. & in-12.

90 Le Spectateur, ou Socrate moderne, trad. de l'anglois. Paris, 1755, 9 v. in-12. v. m.

91 Catonis disticha ex variis editionibus; les mêmes trad. en françois, par l'ab. Salmon, 7 vol. in-3. & in-12.

92 Sulp. Verulanus de Moribus in mensâ servandis, & M. Verini disticha ex variis Editionibus; les mêmes Distiques mis en françois par Hardy, 4 vol. in-8.

93 C. Erafmi Michaelii Læti Colloquia moralia. Bafilcæ, 1573. in-4.

94 Proverbes & Dits fententieux, par Ch. de Bouvelles. — Dits & Sentences notables de divers Auteurs, trad. en françois. — Pibracii Tetrafticha græcis & lat. verfibus expreffa, Flor. Chriftiano aut. — Eadem Tetrafticha gallica latinè diftichata, à Nic. Habert. — La belle Vieilleffe ; ou les anciens Quatrains de Pibrac; Dufour & Mathieu. En tout, 6 vol. In-4., in-8. & in-12.

95 Le Caftoiement ; Avis d'un Père à fon Fils, à fa Fille ; Traités de l'Education des Enfans, de Locke, de Crousaz, & 6 autres vol. fur le même fujet.

96 Ecole morale des Filles, 3 part. — La Gamologie, ou l'Education des Filles deftinées au Mariage, 1772. — Les Devoirs des Dames, trad. de l'anglois. — L'Ami des Femmes, ou la Philofophie du beau Sexe, par Boudier ; & 6 autres vol. fur le même fujet. En tout, 12 vol. in-12.

97 Education des Sourds & Muets, par Defchamps; & Differtation fur la parole, trad. du lat. d'Amman, par Beauvais, fig. — Ammani Surdus loquens. Amft., 1692. — Obferv. d'un Sourd & Muet, fur le Cours d'Educ. de Defchamps, 3 vol. in-12.

98 Fr. Raguelli Leges politicæ. Francof., 1586, in-8. — Politique tirée des propres paroles de l'Ecriture Sainte, par Boffuet. Paris, 1709. in-4.

99 Defcription de l'Ifle d'Eutopie, de Th. Morus, trad. par Budé. Paris, 1550, in-8. fig. en bois. — Relation du Voyage de l'ifle d'Eutopie. Delft, 1711, in-8.

100 Les fix Livres de la République de Jean Bodin. Lyon, 1593. — La Réponfe de Bodin au Paradoxe de M. Maleftroit, touchant l'encheriffement de toutes chofes. Paris, 1568, in-8. 2 vol.

101 Artes reconditæ regendi Refpublicas & dominandi, per Defid. Crefcentium difpofitæ. Traj. ad Rh. 1657. — Le Prince de Machiavel, trad. par Amelot de la Houffaie. — Difcours d'état contre Machiavel. — Recueil de difcours politiques, 4 vol. in-8. & in-12. — Traité de la Politique de France, 1667. in-fol. mff.

102 Ami des Hommes; les Œconomiques, & Leçons œconomiques. Lettres fur la Légiflation, ou l'Ordre Légal, par Mirabeau. in-12. En tout, 15 vol.

103 Philofophie Rurale, & Élémens de la Philofophie Rurale. 4 vol. in-12, v. m. — Recueil d'Ecrits fur le Luxe

confidéré fous le rapport de l'Economie politique, *au nombre de 7 pièces.*

104 Economique de Xenophon, & Projet de Finance du même, trad. par Dumas. — Hieron par le même, en grec & en françois, de la trad. de Cofte. — Offres ou Propof. faites au Roi pour faire rendre les Deniers volés par les Officiers de fes Finances, par Bourgoin; le Pot aux Rofes découvert par un Financier réformé; la Diffenterie des Financiers, & le Salve Regina defdits Financiers, à la Reine-Mère. Articles des Financiers préfentés au Roi; l'Innocence des Financiers & leurs équitables offres; le Financier à M^{rs}. des Etats, 1615 & 1624. 3 vol. in-12, & nombre de pièces fur l'Economie politique.

105 Dictionnaire Univerfel de Commerce, par Savary. Paris, 1723, 2 vol in-fol. v. br. — Le Parfait Négociant, par le même. Paris, 1713, in-4. v. br.

Phyſique.

106 Zach. Scholaftici Dialogus quod mundus non fit Deo co-æternus. Venetiis, 1546, in-8. — Liber abfque Litteris. Par. 1696, in-8. — Nouv. Syftême du Monde, par Seb. Leclerc. Par. 1706. in-8. fig. 3 vol.

107 Œuvres Phyfiq. & Geog. de Pierquin. Paris, 1744, in-12. — Dialogue de Theophylacte-Simocate fur diverfes queftions, trad. par Morel. Paris, 1603, in-12.

108 Th. Burnetii Telluris Theoria facra. Amftel. 1699, in-4.

109 Recueil d'Ecrits fur le Magnétifme animal, 12 *pièces*, in-8.

110 Recueil d'Ecrits fur les Aéroftats, de 1782 à 1791, in-4., in-8., in-12, & in-18. 63 *pièces.*

111 N. Nancelii Analogia Microcofmi ad Microcofinon. Lut. Par. 1611, in-fol. v. br.

112 Conftruction Théorique & Pratique du Scaphandre, par de la Chapelle. Paris, 1775. in-8. fig. — De l'Homme, par J. P. Marat. Amft. 1775, 2 v. in-12. fig.

113 Portentofum Lithopœdium, five Embryon petrefactum urbis Senonenfis. Senoni, 1582. — Differtation Phyfique à l'occafion du Nègre-Blanc (par Maupertuis) . — Hift. d'une jeune Angloife, 1773. — L'Hydrofcope & le Ventriloque, par Saury, 4 v. in-8. et in-12.

114 Jac. Horftii de Aureo Dente Maxillari Pueri Silefii, & de Noctambulonum natura. Lipfiæ, 1595, in-8.

Métaphyſique.

115 Introduction à la Connaiſſance de l'Eſprit humain, par Vauvenargues, in-12. — Théorie des Sentimens agréables, par l'Evêque de Ponilly. — Réflexions ſur les Sentimens agréables & ſur le plaiſir attaché à la Vertu,) par de Champeaux) Montbrillant, 1743, in-8. m. r. *imprimé & relié par M. de Gauvecourt, parent de l'Auteur.* — Recueil de divers Ecrits ſur l'Amour & l'Amitié, in-12. — Recherches ſur les Sentimens moraux, trad. de l'Allem. par Abbt. — Lettres ſur les Deſirs, 6 vol. in-12.

116 Deux Livres de Merc. Triſmegiſte Hermes, trad. par G. Dupreau. — Examen argumentorum Platonis pro immort. Animæ humanæ ab M. Teencke. Gotingæ. — Etat de l'Homme avant que de ſe connoître, par Lenormand. Paris, 1704, in-4. — Cl. Alb. Triancurianus de immort. animæ, 1586, in-8. — P. Pomponatius de Immort. Animæ, in-8. — De Dieu, de l'Immortalité de l'Ame et du ſiège de l'Ame au Corps humain, trad. de Nancel, in-8. — Phedon, ou Entret. ſur l'Immort. de l'Ame, in-8. 5 vol.

117 Car. Bovilli Opera Metaphyſica & Mathematica. Pariſiis, H. Steph. 1510, in-4. v. f.

118 Eſſai ſur l'Entendement humain. trad. de Locke par Coſte. Amſterdam, 1700, in-4. = Jo. Egger de Viribus mentis humanæ Diſquiſitio phil. anti-Huetiana. Bernæ, 1735, in-12.

119 Traité de l'Opinion, par Legendre. — Influence des Opinions ſur le Langage, trad. de l'Allem. de Michaelis. in-12 & in-8. 10 vol.

120 Fr. Mart. Ravellin Ars memoriæ. Francof. 1617, in-12. v. br. fig. — Nouv. Traité de la Mémoire par de Billy. Paris, 1708, in-12. v. br.

121 Th. Campanella de Senſu rerum & Magia. Francof. 1620, in 4. — J. B. Portæ Magia naturalis. Lugd. Bat. 1644, in-12.

122 Philoſophie des Anges, ou l'Art de ſe rendre les bons Eſprits familiers, par L. Meyſonnier. Lyon, 1648, in-12. — Barth. Faii Energumenicus & Alexiacus. Lut. 1571. in 8.

123 Traité de Mélancolie, ſi elle eſt la cauſe des effets qu'on remarque dans les Poſſédées de Loudun, par de la Menardière. La Fleche, 1635, in-8. v. br. — Le pour & contre

de la Possession des Filles de la paroisse de Landes.
Antioche, 1738, in-8. — Dissertation sur les Malefices
& les Sorciers, où l'on examine en particulier l'état de la
Fille de Tourcoing. Tourcoing, 1752, in-12. v. m.

124 Mém. d'une admirable conduite de Dieu sur une Ame
particulière, in-8. mss., d'une belle Ecriture. (*C'est
l'Histoire d'une Fille possédée, qui n'a jamais été imprimée. Note de l'ab. Sepher*). — Abregé de l'hist. prodig.
de J. Bertet. Par. 1732. in-12.

125 Apparitions des Esprits, par Calmet. Paris, 1751, 2
v. in-12. v. m.

126 Apologie pour les Grands Hommes soupçonnés de Ma-
gie, par G. Naudé Amsterd. 1712, in-12. v. br.

127 Déclamation contre l'erreur exécrable des Maléficiers,
Sorciers, Enchanteurs, Magiciens, Devins, &c., par F.
Pierre Nodé. Paris, 1578, in 8. — Dissert. sur les Vi-
sions & Apparitions, par M***. in-12. s. d. — M. de
Monstr'oeil Paradoxum Dæmones per se non agere in res
sublunares. Par. 1612, in-4.

128 Jo. Benedictus de Visionibus & Revelationibus natura-
libus & divinis. Moguntiæ, 1550, in-12. — B. Pererius
de Magiâ, de Observatione somniorum & de Divinatione
Astrologicâ. Col. Agr. 1598, in-8.

Histoire Naturelle.

129 Plinii secundi Historia naturalis. Aureliæ Allobr.
1606, in-fol. v. f.

130 Jo. Jonstoni Thaumatographiæ naturalis. Amstel. 1633,
p. in-12.

131 Œuvres de Bernard de Palissy. Paris, 1777, in-4. v.
éc. fil.

132 Andr. Baccius de Gemmis & Lapidibus pretiosis. Francof. 1603. — Observ. sur l'orig. des Pierres figurées, par
Barrère. — Art d'imiter les Pierres précieuses, par Fon-
tanieu, 3 v. in-8. et in-12.

133 Dictionnaire Botanique & Pharmaceutique, par Alex.
Nicolas. Paris, 1738, in-8. v. br.

134 R. Britanni Agriculturæ Encomium. Par. 1539, in-4. =
Rei Rusticæ Autores latini veteres : M. Cato, L. Colu-
mella, M. Varro, & Palladius, ex Commelini Typogra-
phia, 1595, in-8. parch. — Const. Cæsar de Agriculturâ,
J. Cornario interp. Lugd. 1541, in-8. — Car. Stephani
Prædium rusticum. Lutet. ex Autoris Typis, 1554, in-8.

— D. Jonquet Hortus per Casp. Bauhinum. Paris, 1669, in-4.

135 Le Socrate Rustique, trad. de l'Allemand de Hirzel. Lausanne, 1777, 2 v. in-12. v. m.

136 La Ferme, par Cointereaux. — Méth. pour recueillir les Grains. = Pratique des Défrichemens. — Essais d'Agriculture. — Lettres sur la grande & la petite Culture. = Projet d'établissement d'une Manufacture de Végétaux artificiels. = Mém. sur les Pommes de terre & le pain économique, par Mustel. — Description du Mangostan & du Fruit à pain, trad. d'Ellis, in-4. & in-8.

137 Essai sur les Jardins, par Watelet. = Observat. sur la Culture des Arbres à haute tige. — Culture du Figuier. Hist. nat. du Cacao & du Sucre. — Opuscules de Richer, avec un Traité d'Olivier de Serres, sur l'écorce du Mûrier blanc, in-8. & in-12.

138 Ælianus de naturâ Animalium, ex vers. Gyllii. Lugd. 1533, in-4. — Ch. Fr. Paullini Buffo. Norimbergæ, 1686, in-12. — Jo. Franci Castorologia. Aug. Vind. 1685, in-12.

Médecine, Chirurgie, Pharmacie, Alchimie.

139 Etat de Médecine, Chirurgie & Pharmacie en Europe, pour l'année 1776 (avec les feuillets supprimés.) — Jo. Devaux, index funereus Chirurgicorum. Paris. ab an. 1315 ad an. 1714. Trivoltii, 1714. cum ind. mss. — Idem cum contin. mss. ad an. 1723. — Id. cum notis mss. Par. 1729. — Lisseti Benancii declaratio fraudum & errorum apud Pharmacopœos commis. Francof. 1671, 5 vol. in-12.

140 Hier. Fracastorii Opera omnia. Venetiis, apud Juntas, 1574, in fol.

141 H. Niqueti Physiognomia humana. Lugd. 1648, in - 4.

142 Conférence & Entrevue d'Hypocrate & de Démocrite. — Discours de la Peste, par Nancel. — Sinapius de remedio doloris. — De la Vieillesse, par Robert. — Traité des Causes physiques & morales du Rire. Amst. 1768, & 4 autres vol. in-12.

143 M. Schoockius de Sternutatione. Amst. 1664. p. in-12. v. f.

144 Onanisme, par Tissot : Le même, par M***. Ibid. in-

12. — Inftruction fur les fuites de la Pollution volontaire, par Ph. Fr. Sichérer.

145 P. Lentuli hiftoria de prodigiofâ Apolloniæ Schreieræ virginis inediâ. Bernæ Helvet. 1604, in-4. — Difcours par lequel il eft montré qu'il n'y a aucune raifon que quelques-uns puiffent vivre fans manger, par Harvet. Niort, 1597, in-16. — Abftinens Confolentanea. Aug. Pict. 1602. in-12.

146 Règles & Préceptes de Santé de Plutarque, trad. par Amyot. — Corn. Celfi de tuendâ fanitate volumen elegis latinis expreffum, aut. Cloffio. Tubingæ, 1785. — Mich. Delavigne Ars Sanitatis. — H. L. Geoffroy Ars Sanitatis. = Sa Traduction par de Launay. 5 vol. in-8. & in-12.

147 Hiftoire des Perfonnes qui ont vécu plufieurs fiècles, avec le fecret du Rajeuniffement, par de Longeville Harcourt. Paris, 1715, in-12. v.m.

148 Difcours de Cornaro fur le Régime de vivre, par lequel il a vecu 100 ans. — Moyens dont M. de l'Orme s'eft fervi pour vivre près de 100 ans. — Régime de Santé par de la Cour. = Moyens pour conferver la Santé, par Domergue. = Abftinence de la Viande rendue aifée. 5 vol. in-12.

149 Recueil d'écrits fur les inhumations précipitées, in-8. & in-12. 10 *pièces*.

150 Recueil d'écrits fur les Cimetières & fur les Dangers d'enterrer dans les Eglifes & dans les Villes, 12 *pièces* in-8. & in-12.

151 Recueil d'écrits fur le Méphitifme & fur les Foffes d'aifance, 20 *pièces* in-8. & in-12.

152 Albertus Magnus de fecretis Mulierum. — Remèdes & rares Secrets du chevalier Digby. — Difcours fur la poudre de Sympathie. 3 vol. in-12.

153 Lucina fine concubitu, & Concubitus fine lucinâ. 1750, 2 vol. in-8. — Hyppolitus redivivus. 1644, in-16. *Edition renouvellé*.

154 Curiofités inouïes fur la Sculpture talifmanique des Perfans, par Gaffarel. 1650, in-8.

155 Hiftoire critique de Nicolas Flamel & de Pernelle fa femme, par l'ab. Villain. Paris, 1761, in-12. fig. = Arcanum Philofophiæ Hermeticæ. Roth. 1657, in-8. — Comte de Gabalis. Par. 1670, in-12.

156 Effai fur la fecte des illuminés. — Secrets de l'Ordre des Francs-Maçons & de la Société des Mopfes, dévoilés, par P...

P.... Amst. 1745, in 12. v. éc. fig. — Statuts de l'Ordre
& Société des Culotins, in-4. mss. entouré de cartouches,
& avec fig.

Mathématiques, Astronomie, Astrologie, Navigation, Optique.

157 Euclidis Elementorum libri XV, gr. & lat. Lutetiæ,
1558. — Mich. Psellus de Arithmeticâ, Musicâ, Geome-
triâ, & Proclus de Sphærâ, El. Vineto Santone interprete. Parisiis, 1557, in-8.

158 C. Bovilli geometricum Opus. Lut. 1557. — Géom.
prat. de Bouelles, trad. par de Mesmes. Par. 1615. —
And. Jacquet Elementa Geometriæ. Antuerpiæ, 1672. —
Quadrature du Cercle, par Picard, 4 vol. in-8. & in-12.

159 Jo. Fernelii de Proportionibus libri duo, nec non Mona-
losphærium & Cosmotheoria. Parisiis, Colinœus, 1528,
in-fol. fig. v. f. gr. pap. Ex^re. de De Thou.

160 P. de Fermat varia Opera Mathematica. Tolosæ, 1679.
— Christ. Hugenii Horologium oscillatorium. Par. 1673,
in fol.

161 Lettre de Dettouville (Bl. Pascal) sur la Roulette.
Paris, 1659, in-4. fig. Ex. de Varignon dont il porte
la signature. ━ Historia Trochoidis, gallicè, la Roulette,
& suite de la même Hist. 1658, in-4.

162 Pratique de Géométrie, & Traité de Géométrie par
Séb. Leclerc. Paris, 1669 & 1690, in.12 & in-8. fig. —
Essai d'analyse sur les Jeux de hasard, par de Montmort
(Pierre Remond). Paris, 1708, in-4. v. f.

163 De Universitate Liber, Guil. Postello authore. Parisiis,
1563, in-4. vél.

164 Ant. Mizaldi de Mundi Sphærâ, Carmen. Lutetiæ,
1552, fig. Cosmo-Graphicæ Rudimenta. Ibid. 1551, fig.
Jo. de Sacro Bosco de anni ratione. Ibid. Annuli Astrono-
mici usus ex variis authoribus, &c. &c. Ibid. 1555, fig.
— Proclus de Sphærâ; Cleomedes de mundo; Arati
Solensis apparentia : Dionysii Descriptio Orbis, gr. & lat.
& Hunterus de cosmog. Rudim. Basilcæ, 1581, 2 v. in-8.

165 Astronomie mise à la portée de tout le Monde, Iere. &
IIe. parties. ━ Essai sur les Comètes & sur les Phénomènes,
par Dionis du Séjour. ━ Réflexions sur les Comètes qui
peuvent approcher de la Terre, par Delalande. 1758,
1773, 1775, 1776. in-8.

166 Exterarum Gentium anni Ratio, & cum Romano

Collatio, Jo. Lalamantio aut. —— Jo. Genesius de Correc-
rectione Anni, Mensiumque Romanorum. —— Recueil de
pièces relatives à la Dispute sur la Question du Siècle
prochain, in-8. & in-12.

167 Censorinus de Die natali. Lutet. 1583, in-8. —Alexan-
der ab Alexandro de genialibus Diebus. Par. 1579, in-8.

168 Artemidorus de Somnium Interpretatione. Lugd.
1546, in-8. = Théorie des Songes, par Richard. Par. 1766,
in-12.

169 Bast. Coclitis Physiognomiæ & Chiromantiæ Compen-
dium, nec non And. Corvi ratio Chyromantiæ. Argentorati, 1534. in-12. fig.

170 Ant. Picciolus de Manus Inspectione. Bergomi, 1597.
in-8. fig — La Chyromancie naturelle de Ronphile. Lyon,
1666. in 8.

171 A. Petit Douxciel Speculum Physionomicum. Parisiis,
1648. in-4. fig.

172 Microscopium Physiognomiæ Medicum, aut. J. Fr.
Helvetio. Amst. 1676. in-8.

173 Sam. Fuschii Metoposcopia. Argentinæ, 1605. in-8.
fig.

174 Sibyllina Oracula de græco in lat. conversa, per Seb.
Castalionem. Basileæ, 1546. — Ead. gr. & lat. Ibid. 1555.
in-8 =Plutarchus de defectu Oraculorum, ex vers. Turnebi;
Joach. Camerarius de generibus Divinationum. Lipsiæ,
1576. — Dissertation sur les Oracles & les Sybilles, par
Crasset. Paris, 1678. 5 v. in-8. & in-12.

175 Mirabilis liber qui Prophetias Revelationesque, nec non
mirandas, præteritas, præsentes & futuras apertè de-
monstrat. Parisiis. Goth., sans date; la première partie
latine : Libellus M. Ursonis de Somniorum expositione.
s. d. La grande & merveilleuse Prophétie ancienne composée de 33 Docteurs en la Montagne de Cobat. Par.
1517. Goth. & autres pièces dans le même vol. in-4. —
Mirabilis liber, in-8. Goth., les deux parties gâtées &
imparf — Prophéties de Nostradamus. Lyon, 1568. in-
16. — Prognosticon Ant. Torquati de eversione Europæ.
Antuerpiæ, 1544, in-12. — Prophetia è Constantinopoli
nuper allata.

176 Jac. à Saa de Navigatione. Par. 1549. in-8. — Nouv.
Rech. sur le Vaisseau long des Anciens, par Leroi. =
Mém. sur un moyen nouv. de relever un Vaisseau sub-
mergé, par Hoffmann, Bailly, & de Marin, 1784, in-8.
fig. mss.

177 Cl. Templeri Opticæ Syftema, & Phyfiognomia humana. Hanoviæ, 1617, in-8.

178 Difcours touchant le Point de vue, par Séb. Leclerc. Paris, 1674, in-12. fig. — Effai fur la Perfpective pratique par Roy. Paris, 1756, in-8. fig. v. m.

179 La Perfpective fpécul. & pratique, par Aleaume. Paris, 1643, in-4. — Traité de Perfpective par le P. Lamy. Paris, 1701, in-8. fig. = Traité de Perfpective Linéaire, par Michel. Paris, 1771. in-8. fig. — Perfpective Aérienne, par de St. Morien. Paris, 1781, in-8. fig. col.

Mufique, Ecriture, Imprimerie.

180 Hift. de la Mufique & de fes Effets, par Bonnet, de la Danfe, avec un fupplément à l'Hift. de la Mufique, par le même. Paris, 1724. in-12. 2 vol. — Hift. du Théâtre de l'Opéra, par de Noinville. Ibid. 1757. 2 v. in-8.

181 Mém. ou Effais fur la Mufique, par Grétry. Paris, 1789. in-8. — Effais fur la Mufique des Anciens & des Modernes, par Ducharger. in-4. mff.

182 Des Repréfentations en Mufique anc. & mod. par Meneftrier. Paris, 1681. in-12. — Des Ballets anciens & mod. par le même. Ibid. 1686. in-12. — Ballet des Singes & des Ours, des Autruches, des Indiens et des Perroquets, in-8. obl. fig.

183 Le livre de la Mufique d'Euclide, trad. par Forcadel. Paris, 1566. in-8. — Comparaifon de la Mufique Italienne & de la Mufique Françoife, par Lecerf de Freneufe. Bruxelles, 1705. in-12. v. br. = Brigandage de la Mufique Italienne. — Entretiens fur l'état de la Mufique Grecque vers le milieu du 4e fiècle avant l'Ere vulgaire, par Barthelemy. Paris, 1777. in-8. — Dialogue fur la Mufique des Anciens, par de Châteauneuf. in-12. — Traité de la Poéfie & de la Mufique des Hébreux, par Contant.

184 Dictionnaire de Mufique par Broffard Paris, 1702. in-8. v br. — Harmoniæ poeticæ P. Hofheimeri. Norimbergæ, 1539. in-12. — Tranfpofitions de Mufique red. au naturel, par le fecours de la Modulation, par Alex. Frere. Ibid 1706. — Elemens de Mufique, par d'Alembert. Lyon, 1762. in-8. v. m.

185 Efprit de l'Art mufical, par Blainville. — Théorie & Pratique de la Mufique, par de Bethify. — Lettres fur la Mufique Françoife, par Rouffeau. = Apologie de la

Mufique Françoife contre Rouffeau. — Juftification de la
Mufique Françoife contre la querelle qui lui a été faite
par un Allemand & un Allobroge. — Mufique pratique,
par Duval. ⹀ L'Art du Chant figuré par Mancini. — Mufique facrée & imitative, par Lefueur. 2 part. En tout,
9 pièces in-8.

186 Traité des Tons de l'Eglife, par Saché Lifieux. 1680.
in-12. — Differtation fur le Chant Grégorien, par Nivres.
Paris, 1683. in-8. — Traité hiftorique & pratique fur le
Chant eccléfiaftique, par Lebœuf. *Idid.* 1741. in-8. —
Difcours fur la nature du Chant. *Ibid.* 1760. in-12.

187 Remarques fur l'art de bien chanter, par Bacilly. Paris.
1668. in-12. ⹀ Art du Chant par Blanchet. *Ibid.* 1756. in-
12. — Méth. pour apprendre le Plain-Chant, par Oudoux.
Ibid. 1776. in-12. v. ec. fil. d. f. tr.

188 Traité de la Mufette. Lyon. 1672. in-fol. — Differtation hift. fur la Vielle. Par. 1741. in-12.
A la fuite de ce N°., on vendra nombre de pièces fur
la Mufique, dont il fera fait plufieurs lots.

189 Lettres fur l'Art d'écrire, par Laurent. in-8. — Atlas
de Portraits & Fig. à la plume, par Berny de Nogent.
in-fol.

190 Jac. Gohorius de Ufu & Myfteriis notarum. Parifiis,
1550. in-12. — Liber de Notis, five de Arte notariâ, in-
certo autore. *Ibid.* 1550. in-12. — M. Val. Probus de notis
Romanorum interpretandis ; Magnonis, Diaconi, alio-
rumque notarum veterum Explicationes. Lugd. Bat. 1660.
in-8.

191 Méthode pour écrire auffi vîte qu'on parle, par J. Cof-
fard. Paris, 1631. in-8. — Tacheographie, ou l'Art d'é-
crire auffi vîte qu'on parle, par Ramfay, trad. du lat. par
A. D. G. *Ibid.* 1681. in-12. — Le même. *Ibid.* 1690. in-
12. — Annet's short-hand perfected containing plain and
eafy Examples for learning it. London, 1768. in-8. — L'Art
d'écrire auffi vîte qu'on parle, par Thevenot, in-4. Méthode Tachygraphique par Coulon Thevenot. Paris, 1789.
in-12.

192 Principes de défrichement de la Langue françoife, par
Jac. de Gevry. Paris, 1667. in-8. — Nouvelle Méthode
pour écrire fecrètement & pour traduire en François toutes les Langues étrangères, par E. C. Paris, 1698. in-12.
— De Monogrammate Chrifti. Romæ. 1738. in-4.

193 De l'Invention de l'Imprimerie, fuite de celle de l'E-
criture. in-12. — Lettres fur l'origine de l'Imprimerie.

—Plainte de la Typographie, poëme lat. d'H. Eſtienne trad. en Fr. par Lottin. — L'Imprim. Odd. — L'Impr. Poëme, par Gillet.=C. L. Thibouſt de Typographiæ Excellentiâ carmen, fig. — Le même trad. par Thibouſt fils, fig. — L. A. P. Heriſſant Typographia, Carmen. — La miſère des Apprentifs imprimeurs, en vers burleſques. La miſère des Apprentifs relieurs, auſſi en vers burleſques, in-4. & in-8. — Epître ſur les progrès de l'Imprimerie, par Didot.

194 Epreuves des Caractères des Fonderies de Cl. Mozet à Nantes, de Joſeph Gillé, & d'A. Fr. Momoro à Paris, 1754, 1773 & 1787. — Progrès des Car. de fonte pour l'impreſſion de la Muſique, & autres piéces. in-4., in-8. & in-12.

Deſſein, Peinture, Gravure, Sculpture & Architecture.

195 Hiſt. des Arts qui ont rapport au Deſſein, par Mounier. Paris, 1698.

196 Les Principes du Deſſein, par Gérard de Laireſſe. Amſterd. 1719, in-fol. fig. v. br.

197 Regles du Deſſein & du Lavis, par Buchotte. Paris, 1754, in-8. fig. — Le Deſſinateur pour les fabriques d'or, d'argent & de ſoie, par Joubert. Ibid. 1765, in-8.

198 Junius de picturâ veterum. Roterodami, 1694, in fol. v. br.

199 Tableaux de Philoſtrates, mis en françois par Bl. de Vigenere. Paris, 1637, in fol. fig. v. br.

200 Dictionnaire portatif de Peinture, Sculpture & Gravure, par Pernetty. — Dictionnaire de Peinture & d'Architecture, par Demarſy, 2 v. in-8.

201 Dialogue ſur la Peinture de L. Dolce, dans lequel on traite de l'excellence de la peinture, ital. & franç. Florence, 1735, in 8. — Rech. ſur les beautés de la Peinture & ſur le mérite des plus célebres Peintres, par Webb, in-12. — Sam. Tak vanden Bogaard Laus picturæ, lat. & belgicè, 1776, in 8.

202 La Peinture Parlante, poëme, par Hil. Pader, 1657, in-4. — La Peinture, par Ch. Perrault, 1668, in-fol. — L'art. de la Peinture de Dufreſnoy, trad. en franç. Par. 1668, in-8. — Le même, avec un dialogue ſur le coloris. Ibid. 1673, in-12. — Ecole d'Uranie, ou l'Art de la Peinture, trad. de Dufreſnoy & de l'abbé de Marſy. Ibid. 1753, in-12. — La Peinture, poëme, par Lemiere.

Ibid. gr. in-8. fig. — L'Art de Peindre, par Watelet.
Ibid. 1760 , in-12 , fig. — Poëme fur la Peinture, par
Lefcalier. Londres. 1778 , in-8. — L'art. de Peindre ,
trad. en vers françois du poëme de Dufrefnoy , par Renou.
Ibid. 1789 , in-8.

203 Idée de la perfection de la Peinture , par R. Freart de
Chambray. Au Mans, 1662. — La Perfpective d'Euclide,
trad. en françois par le même. *Ibid.* 1663 , in-4.

204 Leo. Bap. de Albertis de pictura. Bafileæ , 1540. —
J. Cæf. Bulengorus de pictura , Plaftice , ftatuaria. Lugd.
1627. — Jo. Scheffer de arte pingendi. Norimbergæ ,
3669. — Lettres de Leblond de Latour , cont. des inf-
tructions fur la Peinture. Bordeaux, 1669, 4 vol. in-12.

205 Traité fur la Peinture , par B. du Puy du Grez. Tou-
loufe , 1700. — Explication des tableaux de la galerie de
Verfailles & de fes deux falons, 1687, in 4. vign. de
Seb Leclerc.

206 Premiers élémens de la Peinture-pratique , avec fig. de
J.-B. Corneille. Paris, 1684, in-12. — Cours de Peinture,
par principes , par de Piles. *Ibid.* 1708 , in-12. v. br.
— Differtations fur les ouvrages des plus fameux peintres ,
par le même. *Ibid.* 1683 , in-12. = Converfations fur
la connoiffance de la Peinture. *Ibid.* 1677 , in-12. —
Moyens de devenir peintre en 3 heures , 1755 , in-12.

207 Traité de la Peinture & de la Sculpture, par Richardfon
pere & fils. Amfterdam , 1728 , 3 v. in-8. v. br.

208 Traité de Peinture , fuivi d'un effai fur la Sculpture , par
Dandré Bardon. Paris, 1765 , 2 t. 1 vol. in-12. v. m.

209 Regles de la Peinture, par Liotard. — Réforme de la
Peinture. — Réfl. crit. fur les différentes écoles de Pein-
ture, par Dargen. — Dialogue fur les Arts , par Efteve.
— Etat des Arts dans le moyen âge , par Leprince. =
Etat des Arts en Angleterre , par Rouquet , 6 vol. in-8.
& in-12.

210 L'Acad. de Peint. pour s'inftruire à bien peindre en huile
& en miniature. — Traité de la Peinture en min. , avec un
traité du paftel. — Art de peindre en min. , par Violet. —
Traité des Couleurs , pour la peint. en émail & fur la por-
celaine, par Darelais de Monamy. — Dialogue fur le Coloris , par de Piles. — Mém. fur la peinture à l'encauftique , &
fur la peint. à la cire, par de Caylus. — La Cire alliée avec
l'huile , ou la Peinture à l'huile-cire , par Fratrel. —
Hift. & Secret de la peinture en cire , par Diderot. —

Art nouveau de la peinture en fromage , ou ramequin.
— Obfervations fur les ombres colorées , in-12. 7 vol.

211 Traité des Peintres de l'antique. — Effai des Merveilles
de la peinture , de P. Lebrun , 1635 , fig. — Traité où
font enfeignées toutes les man. de peindre en miniature,
avec plufieurs ex. des plus excellents peintres de ce fiecle,
jolies fig. — De la man. de graver le fer , &c. à l'eau
forte , de jetter en fable toutes fortes de métaux , d'eftoffer
le bois, &c., in-12. 4 vol. mff.

212 Livre de portraiture, de Me. Jean Coufin. Paris, 1725,
obl. fig. — Eléments de Portraiture, ou la Méthode de
repréfenter & portraire toutes les parties du corps humain,
par de S. Igny. Paris, 1630, fig. — Libro novo da dif-
fegnare, F. L. D. Ciartes excudit. fig. in-8. vél.

213 Mefures & proportions du corps humain , par J. Stella.
Paris, 1657, in-4. — Abrégé d'Anatomie, accommodée
aux arts de peinture & fculpture , par Tortebat. *Ibid.*
1667 , in-fol. fig. — Les proportions du corps humain,
mefurées fur les plus belles figures de l'antiquité , par
G. Audran. *Ibid.* 1683 , in-fol. v. br.

214 A. Boffe. Sentimens fur la diftinction des manieres
de peinture , deffeins & gravures. — Repréf. des diverfes
fig. humaines avec leurs mefures prifes fur des antiques
qui font à Rome. — 2e. partie de la Regle , de la pratique de la perfpective. — Moyens Univerfels de prati-
quer la perfpect. fur les tableaux. — Le Peintre converfi
aux regles de fon art , 4 vol. in-8. & in-18.

215 Sentimens des plus habiles peintres fur la pratique de
la peinture, recueillis par H. Teftelin. Paris, 1680, in-
fol. v. br.

216 Conférence de M. Lebrun , fur l'expreffion générale &
particuliere des paffions. Amfterd. 1717 , in-12. fig. de
B. Picart. — Caract. des Paffions, gravés fur les deffeins
de Lebrun , 19 pl.

217 Théologie des peintres, fculpteurs , &c., par Mery.
= Hift. d'Hercule le Thébain , par le cte. de Caylus,
& 4 autres vol. fur la peinture.

218 Réflexions Critiques fur la poéfie & fur la peinture,
par Dubos. Paris, 1740, 3 vol. in-12. v. f.

219 Abrégé Hift. de l'orig. & des progrès de la gravure,
par Humbert, & autres pieces dans le même vol in-12.
— Lud. Doiffin fcalptura, carmen. Par. 1753.— Traité de
la gravure en bois & en cuivre , au burin & à l'eau forte,

avec la man. de conftruire la preffe d'imprimerie & d'im-
primer les planches, mff. orné de fig. in-12. 3 vol.

220 Traité Hiftorique & Pratique de la gravure en bois,
par Papillon. Paris, 1766, 2 v. in-8. fig.

221 Dictionnaire des Graveurs anciens & modernes, par
Bafan. Paris, 1767, 3 t. en 2 vol. in-12.

222 Cabinet des fingularités d'architecture, peinture, fculpture & gravure, par Florent Lecomte. Paris, 1699, 3
vol. in-12.

223 Explication des tableaux expofés au falon du Louvre
depuis 1699 jufqu'en 1777, avec différentes critiques qui
en ont été faites, 28 vol. in-8. & in-12.

224 Catalogue de livres d'eftampes & de figures en taille-
douce, par de Marolles. Paris, 1666 & 1672, in-8. &
in-12. *Rare.*

225 Abrégé de la vie des Peintres, avec le catalogue de
leurs ouvrages, par Dargenville, 4 vol. in-8. fig.

226 Defcription détaillée des ouvrages de Ch. Lebrun, par
Cl. Nivelon, in-4. *mff. autographe*, fur lequel *voyez*
Bibl. hift. de la Fr. t. 4, p. 533, n°. 4788.

227 Cat. de l'œuvre de Ch. N. Cochin, d'Et. Delabelle,
& de Seb. Leclerc, par Jombert. Par. 1770, 1772 &
1774, 4 vol. in-8.

228 Catalogue de l'œuvre de Rembrant avec le fupplém.
& de Pouilly, & de Wifcher, par Gerfaint & Hecquet.
Paris & Amft. 1751 & 1756, 4 v. in-12.

229 Defcription de la galerie & du cabinet du roi de Pruffe à
Sans-Souci. — Cat. des tableaux des gal. de Duffeldorff.
— Défign exacte des peintures précieufes de la galerie
de Duffeldorff, des tableaux des quatre cabinets de S. A.
Palatine à Manheim, des tabl. du cab. du roi de Pruffe
à Sans-Souci, de la galerie Elect. de Drefde. — Cat.
hift. du cab. de M. Delalive, & 6 autres cat. in-4. in-8.
& in-12.

230 Catal. Mariette, par Bafan. Paris, 1775, in-8. fig. br.

231 — Cat. des tableaux, eftampes & curiofités des cabinets
de MM. de Lorangere, Tallard, Potier, Dargenville,
Cayeux, Boucher, Crozat, Huquier, Joullain, de Me-
nars & Lebas, 11 vol. in-8. & in-12.

232 Pomp. Gauricus de fculptura. Antuerpiæ, 1528. —
Lud. Doffin fculptura carmen. — Lettres fur la fculpture, à M. Th. de Smeth. Amfterd. 1769, fig. in-12. &
in-4. fig.

233 Boreli architectura, carmen. Lugd. 1746. — L'Archi-
tect.,

tect. , poëme, par Maillier. Par. 1781.— Essai sur l'Architecture , par Laugier. Par. 1755 , fig. — Examen
d'un essai sur l'arch. , par Delafont de St.-Venne. Par.
1753. — Observ. sur l'Arch., par Laugier. Paris ,1765 ,
in-8. & in-12. 5 vol.

234 Essais sur l'Architecture, par Laugier , 1753. — Le
Génie du Louvre aux Ch. Elysées, par Delafont. —
L'Ombre du grand Colbert, 1749. — Recueil de quelques
pieces concernant les arts. — Mém. sur la colonne de la
Halle-aux Bleds , par Pingré. — Lettre à un Ami sur un
monument public, (nouvelle église de la Magdelaine de
la Ville-l'Évêque) par Dulin, (supprimée par arrêt du
Conseil d'Etat du 19 juillet 1785) in-4. in 8. & in-12.
5 vol.

235 Regles des cinq ordres d'Architecture , de Vignole ,
1665 , in-12. gravé. — Abrégé des dix livres d'Architecture de Vitruve, par Perrault. Paris , 1674, p. in-12.
fig. de Leclerc. — Nouv. Traité de toute l'architecture,
par Cordemoy. Ibid. 1706 , in-12. fig. v. br.

236 Maison de Glace de St.-Pétersbourg , 1741 , in-4.

237 Man. de rendre toutes sortes d'édifices incombustibles,
par d'Espie. — Comble Carrelagé , par le même. — Nouv.
man. d'éteindre les incendies, par Moitrel, & par Coin-
treaux — Mém. sur la man. de rendre incombustible toute
salle de spectacle, par Camus de Mézieres , in-8. & in-12.
— Sauve garde pour ceux qui craignent la fumée, par
Bernard , 1621.

238 Séb. Leclerc, Iere. Messe, 2e. édit. 1661 ; 2e. Messe,
1661; 3e. Messe, 1680 , avec la figure du Crucifix ; la
même , 1729 ; & quelques autres pieces du même Leclerc.
— L'Hist. de l'anc. & du nouv. Testament, représentée
en fig. in-fol.

239 Labyrinthe de Versailles. Paris, I. R. 1679 , in - 8.
fig. v. br.

240 Recueil des figures, grouppes , &c. du parc de Versailles , gravé par S. Thomassin. Paris, 1694, in-4. v. br.

241 Vue de l'Abbaye de Port R. des Champs, in-8. fig.
de Horthemels.

242 Vues de Venise , fig. de Carlevariis ; & Costumes
Vénitiens, fig. de Zuchi, in-fol. obl. — Figures des
différens habits des Chanoines réguliers, par du Molinet.
Paris , 1666 , in-4.

243 Desseins des Fig. colossales & des Groupes de neige qui
ont été faits à Anvers dans le mois de janvier 1772 , in-8.

D

244 4 Portefeuilles de Desseins, Estampes & Portraits dont il sera fait plusieurs lots.

245 Dict. pittoresque & hist. par Habert. Paris, 1766. — Descript. de Versailles par Felibien, & par Piganiol de la Force; & 15 vol. de Descriptions de différens Châteaux, & Villes.

A la suite de ce N°., on vendra une très-grande quantité de pièces sur la Peinture, la Sculpture & la Gravure dont il sera fait plusieurs lots.

Art de la Chasse & Arts Mécaniques.

246 La Chasse Royale composée par Charles IX. Par. 1625. in-12. *Rare.*

247 L'art de la Verrerie, par Haudicquer de Blancourt. — Art de la Teinture des Laines, par Hellot. — Art de nager. — Méthode pour apprendre à nager en peu de jours. — Le Tailleur sincère, par Boullay. 6 vol. in-8. & in-12.

BELLES LETTRES.

Grammairiens.

248 Observat. fondam. sur les Langues anciennes & modernes, par le Brigant. — Traité des Langues, par de Clavigny. — Théorie nouv. de la Parole & des Langues, par Leblan. — Manière d'apprendre les Langues, par Radonvilliers. — Rem. sur les Langues anciennes & modernes de la Suisse, par Bertrand. — Différence entre la Grammaire, & la Grammaire générale raisonnée, par Bouchot, 6 vol. in-4., in-8. & in-12.

249 Linguarum Orientalium, Hebr., Rabin., Samar., Syri., Græc., Arab. Turc., Armen. Alphabeta. Parisiis, Vitray, 1636, in-8. — Alfonsi Zamorensis Introductiones artis gram. Hebr. Compluti, 1526, in 8.

250 Tabula in Grammaticam Hebræam, aut. N. Clenardo. Parisiis, 1564. — Guil. Postelli norma inclinandi Verba Hebraica, & compendiaria grammatices Hebraicæ Institutio. Parisiis, 1552. — G. Genebrardi Hebraicum Alphabetum. Parisiis, 1564. — Jonathæ, Uzielis filii, sex Prophetarum Chaldaica Interpretatio, per Jo. Mercerum lat. reddita. Parisiis, 1559, in-4.

251 Lexicon Æthiopicum, autore Jac. Wemmers. Romæ, 1638, in-4. v. br.

252 Alphabetum Græcum. Parisiis, 1560. Fr. Claudii Viexmontii Methodus confessionis. *Ibid.* 1546, in-4. (*en vers latins, avec une glosse latine interlinéaire*). — Grammaire grecque de P. R. Paris, 1682, in-8. — De verbis anomalis Commentarius, Gr. & Lat. Parisiis, 1558, in - 8.

253 Adol. Mekerchus de veteri & rectâ Pronuntiatione linguæ Græcæ. Brugis Flandrorum, 1565. = Jo. Cheki de Pronuntiatione Græcæ linguæ Disputationes cum Stephano Wintoniensi Episc. Basileæ, 1555, in-8.

Ce dernier Traité renferme une Ordonnance singulière de l'Evêque qui prescrit à ses Vasseaux, la manière de prononcer le Grec.

254 De l'Excellence de l'affinité de la Langue Grecque avec la Françoise, par Blasset, in-4. mss.

255 Autores linguæ Lat. in unum redacti corpus. Par. 1587, in-4. — M. Ter. Varro de linguâ Latinâ. Par. 1530, in-8. — Adr. Turnebi Comment. in libros Varronis de linguâ Latinâ. *Ibid.* 1566, in-12.

256 P. Rami Rudimenta Grammaticæ Latinæ. — Ejusd. Grammaticæ libri IV. — Gramere (Françoise) 1562, — Jo. Sambucus de Imitatione Ciceronianâ. — Ja. Sod. Stræbœus de Electione & Oratoriâ Collocatione Verborum. — Car. Bovillus de differentiâ Linguarum vulgarium, & Gallici Sermonis varietate. — Iod. Willichii Ortographiæ Institutiones; *Item* de Prosodiâ Libellus; & Huteni Ars versificatoria, 4 vol. in-8. & in-12.

257 Henr. Stephanus de Latinitate falsò suspectâ, ex eju sd typis, 1576, in-8. vél. — Ortographiæ ratio ab Aldo Manutio Pauli F. collecta. — Terentianus Maurus de Litteris, Syllabis, Pedibus ac Metris, cum Jac. Petricini Interpretatione. — Terentianus Dialogus, aut. Gaud. Merula. — Gul. Insulani Menapii Statera Chalcographiæ, in-8. v. d. f tr. (*Exemplaire de Ménage*).

258 Calepini Dict. Octolingue. — Car. Stephani Dict. Lat. Gallicum. — Mat. Martinii Lexicon Philologicum. — Jos. Laurentii Amalthea Onamastica, 5 vol. in-fol.

259 Novitius, seu Dict. Lat. Gallicum. Lut. Par. 1733, in-4. 2 vol. v. br.

260 Erasmus de rectâ Lat. Græcique sermonis pronunt., & ejusd. Dialogus Ciceronianus. — G. Lilius & Erasmus de Orationis partium Construdione; Car. Stephanus de rectâ Lat. serm. Pronunt. & Scripturâ; l'Accord de la langue Françoise avec la Latine; Catonis Disticha & dicta Sapien-

tum Græciæ, Lat. & Gal. — Hadrianus de fermone Latino; ejud. Venatio. — L. Valla de linguæ Lat. elegantiâ, 4 vol. in-8. — Goth. Voigtii fex Latinitatis corruptæ & incorruptæ indices. Marburgi Cottorum , 1694 ; avec beaucoup d'additions mff. d'un Michel Richey, en tète & à la fin du vol., & fur du papier blanc placé entre chaque feuillet.

261 Dict. des Equivoques latines, par Mauconduy. Paris, 1680, in-8. — Synonimes latins, par Gardin Dumefnil. Paris, 1777, in-12.

262 Recueil de l'origine de la Langue & Poéfie Françoife, Ryme & Romans, par Fauchet. Paris, 1581, in-4. parch.

263 Nouv. Grammaire red. en tables, par de Grimareft. Paris, 1719, in-4. v. br.

264 Vrais Principes de la langue Françoife, par Girard. Remarques de Grammaire fur Racine , & Profodie de d'Olivet, in-12, 4 vol.

265 Obfervations de Menage fur la langue Françoife. — Nouv. Obferv. fur la langue Françoise, par Marg. Buffet. — Rem. de Vaugelas fur la langue Françoife. — Excellence & Défenfe de la langue Françoife, par Charpentier. — Art de bien parler François, par de la Touche. En tout, 9 vol. in-12.

266 Tréfor de recherches & Antiquités Gauloifes & Françoifes, par Borel. Paris, 1655, in 4. v. br.

267 Difcours fur la fcience des Etimologies, par Befnier, in-12. — Etimologies de plufieurs mots François contre les abus des Hellenistes du P. R. par Ph. Labbe. Par. 1661, in-12. ═ Origine de la Langue Françoife, par Menage. *Ibid.* 1650, in-4.

268 Les deux Vifages de la Langue Françoife, Paris, 1669, in-12. — Synonimes François, par de Livoy, 1788, in-8. — Rec. de Synonimes François qui entrent dans le beau ftyle, par un Prêtre de Bâle. Laneuville, 1745, in-4.

269 Synonimes ou Epithètes Françoifes, par Montmerau. Paris, 1658, in-12. — Epithètes de N. de la Porte. Par. 1580, in-12. — Epithètes Françoifes, par le P. Daire. Lyon, 1769, p. in-8.

270 Dictionnaire de l'Académie Françoife. Nîfmes, 1778, 2 v. in-4. v. m.

271 Manuel Lexique, par l'ab. Prevoft. Paris, 1755, 2 vol. in-8. v. m.

272 Dictionnaire du vieux Langage, par Lacombe. Paris, 1766, 2 vol. in-8. v. m.

273 Dictionnaire de Rimes, par Richelet, augm. par Berthelin. Paris, 1751, in-8. v m.

274 Dict. Néologique, par l'ab. Desfontaines, & le faux Aristarque reconnu. Amst. 1728 & 1733, in-12. 2 vol. — Diction. des Richesses de la langue Françoise, & du néologisme qui s'y est introduit, par Alletz ; & Opuscules sur la langue françoise. Paris, 1770 & 1754, in 12.

276 Dictionnaire de Trévoux. Paris, 1752, 7 vol. in-fol. v. m.

277 Grammaire Algonquine, ou des sauvage de l'Amérique septentrionale, avec la description du pays, journaux de voyages, mémoires, remarques sur l'hist. nat., &c. &c., comp. en 1672, 1673, & 1674, par Louis Nicolas, prêtre missionnaire, in-fol. mss. original.

Orateurs.

278 Rhétorique d'Aristote, trad. en fr. par Cassandre. — Dom. de Colonia ars Rhetoricæ. — Rhétorique de Lamy. — Jugement des Savans sur les auteurs qui ont traité de la rhétorique, par Gibert, 6 v. in-12.

279 Quintilianus per Jonam, & per Vergerium, in-8. — Boetius in topica Ciceronis, idem de differentiis topicis, in-8. avec notes mss. d'Emar Ramonet, & autres traités sur l'art oratoire.

280 Œuvres de Cicéron, traduit en françois, savoir : Les Loix, par Morabin. — Orateurs Illustres. — Les mêmes, trad. par Villefore. — Nature des Dieux, par d'Olivet. — Tusculanes, par le même, & le Pt. Bouhier. — Vrais Biens & Vrais Maux, par Regnier des Marais. — Divination, par le même. — Partitions oratoires, par Charbury. — Songe de Scipion et Paradoxes de Cicéron, par Geoffroy, 12 vol. in 12. — Hist. de Cicéron, trad. de l'Anglois, par l'ab. Prevost, & Lettres à Brutus, par le même, 5 vol. in-12.

281 Stephani Doleti orationes duæ in Tholosam. Ejusdem epistolarum libri II. Ejusdem carminum libri II. ad eumd. epistolarum amicorum liber, absque anni, loci & tipographi notâ, in-8.
   Voir sur ce vol. rare, la vie de Dolet, par Née de la Rochelle, p. 80.

282 Gent. Herveti opuscula. Lugd. St. Doletus, 1541, in-8.

— Sophocles Antigone , tragœdia , ex verſ. Herveti ;
Ejuſdem Herveti epigrammata. Lugd. Step. Doletus ,
1561 , in-8.

283. Nic. Pugnantii orationes. Par. 1557 , in-8., *à la tête
du vol. une lettre autographe de l'auteur* à Simon de
Maillé , arch. de Tours. — P. Francii orationes & poſt-
thuma. Amſt. 1705 & 1706, 2 vol. in-12. — Jo. Aug.
Erneſti opuſcula oratiora. Lugd. Bat. 1762 , in-8. —
Paulini à S. Joſepho orationes. Romæ 1727 , in-8. , &
pluſ. autres orateurs modernes.

284 Paradoxes en forme de déclamations forenſes , pour
exerciter les jeunes avocats en cauſes difficiles. Poitiers ,
1552 , in-12. v. br.

285 Plaidoyer contre Fortune , intenté par Vertueuſe Pſſe.
Vertu ; enſemble celui de Fortune contre Vertu , en
forme de paradoxe, par Ch. de Miraumont. Par. Colinet,
1600 , in-8. parch.

286 Plaidoyers Hiſtoriques , ou diſcours de controverſe, par
Triſtan. Paris , 1643 , in-8.

Poëtes Grecs.

287 Diſcours ſur l'origine de la poéſie , ſur ſon uſage & ſur
le bon goût, par Frain du Tremblay. — Idée , ou Raiſon
de la Poéſie , trad. de Gravina. — Poétique d'Ariſtote ,
par Dacier. — Traduction en vers franç. de l'Art Poétique
d'*Horace* , avec notes , par Prepetit , 1711. — J. Cæſ.
Scaligeri Poetice. — Poétique de Jules de la Meſnardiere.
— Art Poétique de Colletet. — Is. Voſſius de Poematum
cantu & viribus Rythmi. — Traité du Poëme épique ,
par Leboſſu. — Réflexions critiques ſur l'Elégie , par
Michault , avec la ſign. de l'auteur. — Diſſert. ſur la Poéſie
Paſtorale , par Geneſt , en tout 11 vol. in-8. & in-12.

288 Mercerius de conſcribendo epigrammate. — Vavaſſor
de epigrammate, & epigrammata. — De arte ænigmatica
in picturis , aut. J. M**. — Jac. Maſenii ars nova argu-
tiarum , 4 vol. in-8. & in-12.

289 Vetuſtiſſimorum autorum Georgica, Bucolica, & Gnomica poemata quæ ſuperſunt , gr. & lat. Genevæ , 1612,
p. in-12.

290 Teognidis & aliorum veterum poemata gnomica, gr.
& lat. Pariſiis , 1627, in-8.

291 Florilegium , hoc eſt , veterum græcorum poetarum
Epigrammata, gr. & lat. in Bibl. Commel. 1604, in 4. vél.

292 Epigrammata græca felecta ex Anthologia , cum in-
terpret. lat. metricâ H. Stephani. Epiſtolia, Dialogi breves,
Oratiunculæ & Poematia gr. & lat. Typis H. Steph. 1570
& 1577 , in-8.

293 Anthologia epigrammatum græcorum felecta , gr. &
lat. Flexiæ, 1624, in-8.

294 Pindari & cæterorum octo Lyricorum carmina, gr. &
lat. Ebroduni, 1624, in-18. — Pindari opeta latino car-
mine reddita, per Nic. Sudorium. Lutetiæ, 1582 , in-8.
Pindaro trad. en franç. (par L. Fr. Sozzy). Par. 1754, in-12.

295 Homeri quæ extant omnia, gr. & lat. Baſileæ, 1606 ,
in-fol. — Homeri Ilias lat. carm. reddita, Eobano Heſſo
interprete, 1545, in-12.

296 Homere , traduit par Bitaubé. Paris , 1787 , 12 vol.
in-18. br.

297 Menandri & Philemonis Reliquiæ , gr. & lat. c. n. v.
Amſtel. 1709 , in-8. (titre à la main).

298 Ariſtophanes è gr. in lat. tranſlatus per Andr. Divum.
Idem repurgatus, gr. & lat. 2 vol. in-8.

299 Anacreontis & Saphonis carmina , gr. & lat. cum notis
& animadv. Tan. Fabri. Salmurii , 1660. — Théocrite ,
trad. par Chabanon. — Callymaque , trad. par Laporte
Dutheil , 3 vol. in-8. & in-12.

300 Muſæus de Herone & Leandro , gr. & lat. Par. 1548,
fig. ; Dicnyſii Halic. reſponſio ad Pompeii epiſtolam , gr.
Lut. 1554 , in-8. *En outre de la verſion latine imprimée
du poëme de Hero , le grec porte une verſion mſſ. interlinéaire & des commentaires de Nicolas Nancel , qu'il
annonce avoir recueillis en 1582 des leçons de Jac. Labic.
— Euripidis Hecuba, gr. Lut. 1552 , in-8. verſion auſſi
interlinéaire du même Nancel.*

301 Coluthus de Helenæ raptu , gr. & lat. Franekeræ,
1600 , in-8. — Enlèvement d'Hélène , trad. de Coluthus.
Par. 1742 , in-12. — Oppianus de venatione & piſcatu,
gr. & lat. Lugd. B. 1597 , in-12.

302 Tryphiodori Ilii expugnatio, & Dicta ſeptem ſapientum,
gr. & lat. Par. 1557 & 1569 , in-8.

303 Nicandri Theriaca, & Alexipharmaca , gr. & lat. Pariſiis,
1557 , in-4.

Poëtes Latins.

304 Henr. Smetii Proſodia. Francof. 1606., in-8. — Invention d'une manufacture & fabrique de vers au petit métier,
par Migneret. (Paris) 1759, in-8.

305 Flores Epigrammatum & Farrago Poematum, per Leodegalium. Lut. 1555, & 1560, 2 vol. in-18. — Illuftrium Poetarum Flores, per Oct. Mirandulam collecti. Lugd. 1556, p. in-12.

306 Ænigmata & Griphi veterum ac recentium, & Pythagoræ fymbola. — Epigrammatum Delectus. Parifiis, 1659. — Fleurs Morales & Epigram. Par. 1669. — Selectæ chriftiani orbis Deliciæ, per Fr. Swertium. Col. Agr. 1608. — Hortus Epitaphiorum, (collect. P. Guillebaud) 1666, 5 vol. in-8. & in-12.

307 Jani Ulitii Venatio novantiqua. typis Elzev. 1645, p. in-12. vél.

308 Fragmenta Poetarum veterum latinorum quorum opera non extant, a Rob. & Henr Stephanis digefta. Typis H. Steph. 1564, in-8.

309 Lucretius. Antuerpiæ, 1566, in-8. *avec notes de la main de P. Pithou.* — Idem Parei, & Tan. Fabri, 1631 & 1686, 3 vol. in-8. & in-12.

310 Catullus, Tibullus & Propertius. Parifiis, 1529, in-8.; Idem Catullus. *Ibid.* 1534, in-8. *avec notes mff. attribuées à Tanneguy Lefebre;* Phafellus Catulli. Eboraci, 1579, in-12.

311 Vie de Properce, & trad. de ce qu'il y a de plus intéreffant dans fes Poéfies. Paris, 1746, in-12. == Elégies de Properce, par de Longchamps. *Ibid.* 1772, in 8.

312 Terentius, 1619 & 1662, in-4. & in-18. — Idem. Lugd. Bat. 1635, p. in-12. — Le même, trad. par Mde. Dacier, 1724, 3 v. in-12. — Plautus, 1621 & 1652, in 4. & in-12.

313 Virgilius collatione Scriptorum Græcorum illuftratus. Antuerpiæ, 1568, in-12. — Alex. Roffæi Virgilius triumphans. Roterodami, 1661. p. in-12. vél. — Æneis facra, per Steph. Pleurreum. Par. 1618, in-4.

314 Probæ Falconiæ Virgilio-Centones. Par. 1543, in-8. v. br. — Elegantes variorum Virgilio Ovidio Centones, de officio Mundi, &c. cum fig. Raph Sadeler. Monachii, 1617, in-8. vel.

315 Les Œuvres de Virgile, trad. par Desfontaines. Paris, 1743, 4 vol. in-8. v. br.

316 Les Géorgiques de Virgile, trad. en vers François, par Delille. Paris & Kell, 1770, 1782, 1784 & 1785, in-8., in 12 & in-18. 4 vol.

317 Horatius. 1582 & 1600, in-8. — *Idem* Joannis Bond. Amft.

Amft. , 1676 , in y. — *Idem* Sanadonis. Lut. 1728, in-12.

318 Horace trad. par Binet , 1783 , 2 vol. — Les Odes du même , trad. en vers François par J. Mondot, 1579; & par de Brie, 1693; & en vers burlefques, 1653 , 5 vol. in-4. & in-12.

319 Ovidius Burmanni, 1713 ; 3 v. p. in-12.

320 Métamorphofes d'Ovide en Rondeaux , par Benferade. Paris, I. R. 1676, in-4. fig. v. br.

321 Les Paftorales de Nemefien & de Calpurnius , trad. par Mairault. Bruxelles, 1744 , in-12. — La Thébaïde de Stace, trad. par Cormiliolle. Paris, 1783. — Valerius Flaccus, 1525. — Silius Italicus, 1508 & 1531. — Claudianus, 1602, 8 vol. in-8 & in-12.

322 Martialis , ex variis ed , in-4. & in-8. — Ejufd. Florilegium Epigrammatum, græcè verfum à J. Scaligero. Lutetiæ, 1607 , in-8. *Exemplaire donné en préfent, à Florent Chrétien, par Ifaac Cafaubon dont il porte la fignature.*

323 Perfe trad. en vers François, par G. Durand, 1586 & 1575. — Le même trad. par Carron de Gibert, 1771, & par Dreux du Radier, 1772, 4 vol. in-8.

324 Carmina pia & religiofa, scil. Cel. Lactantii; Phil. Beroaldi; Juvenci Prefbyteri; Hugonis de fancto Victore. Merc. Trifmegifti liber de fapientiâ & poteftate Dei , & de voluntate divinâ; *Item* Crater Hermetis. Par. 1505, in-4. rel. en bois.

325 Juvenci Carmina Evangelica, & de Paffione Dominicâ, & Virgilii Œneis. Parifiis , 1498, in-4.

326 Probæ Valeriæ Centonum Opus vet. & nov. Teft. Par. 1509. — Pia & emuncta Opufcula, fc. Sannazarii; Cec. Cypriani ; Aufonii Peonii ; Cl. Claudiani ; Jo. Joviani, & P. Faufti. Par. *abfque anni notâ.* — Cec. Sedulii , Par. *abfque anni notâ.* — Juvencii. Par. 1509. — Prudentii. Par. *abfque anni notâ.* in-4.

327 S. Profperi Carmina. Romæ, 1759, in-12.

Poëtes Latins Modernes.

328 Doctiffim. Italorum A. Flaminii, Molfæ, Naugerii, Cottæ, Lampridii, Sadoleti & aliorum Epigrammata. Lut. Nic. Dives, *abfque anni notâ.* — Sympofii (Lactantii) Arguta & Feftiva Ænigmata, & feptem Græciæ Sapientum Sententiæ. Parif. 1533 , in-8. v. f.

E

329 Poetæ tres elegant., M. Marullus, Hier. Angerianus, & Jo. Secundus. Par. 1582, in-16. v. f. fil.

330 Selecta Doctorum Poetarum Carmina, fc. Iberica, Guifiaca, varia & Cantica facra, 1590. — Illuftr. aliquot Virorum Scripta Epicedia per H. Eobanum Heffum. Norimbergæ, 1531. — Mufæ Britannicæ. Lond. 1711. — Car. Klein analecta Poetica. Viennæ, 1755, 4 vol. in 8.

331 G. Buchanani, Adr. Turnebi, M. Hofpitalis, Jo. Aurati, & Car. Utenhovii Poemata. Bafileæ, 1568, in 8. — In Fœdus & Victoriam contrà Turcos Poemata varia, Pet. Gherardii ftudio. Venetiis, 1572, in-8. — H. Eobani Heffi Heroides, 1532; Jo. Gaftii Epigrammata ex Chrift. Poetis collecta, 1543, in-8.

332 Poemata Didafcalica. Parifiis, 1749, 3 vol. in-12, v. m.

333 Comes Rufticus, 1692. — Mufæ Rhetorices, 1732. — Marcii Pomponii Monumentum à Mufis Burgundicis confecratum, 1580. — Jo. Darcii Venufini Canes, 1543. Graphæi Defcriptio Pacis inter Car V & Franç. I, 1540. Jani Douzæ Epodon libri duo, 1584. (Exemplaire de de Thou) — J. Geffei Mauvefii Epigrammata; Steph. Theveneti Xenia; les Etrennes d'Et. Thevenet, P. Gouffainville & variorum Xenia, 5 vol. in-8. & in-12.

334 Liber Decretorum metrificatus, in-8, mff. fur vélin, du 15ᵉ. fiècle.

335 Lud. Alealmi Poematia, *absque notâ loci & anni*. in-8. — Jo. H. Auberii Theogonia, in-18. — Aurati Poematia, in-8. — Aulicus, five fchola Induftriæ, aut. M. P. d'Argenfon, in 8. mff. — Ejufd. d'Argenfon, Mors Abfalonis, Carmen, in-4. mff.

336 Seb. Brant Poemata. Bafileæ, 1498, in-4. rel. en bois.

337 Pet. Burri Peanes quinque Feftorum D. V. Mariæ, & quidam alii ejufd. Hymni. Parifiis, 1505, & 1506, in-4. rel. en bois.

338 St. Bachot Parerga, 1686. — Leo. Bacavii Delphinus, 1670. — Maph. Card. Barberini Poemata, 1631, fig. — Nic. Barptholomæi Chriftus Xilonicus & Ennœæ, 1531, & P. Roffeti Chriftus, 1534. — Cafp. Barlæi Poemata, 1645. — Th. Bartholini Carmina, 1669. — Baftidæi lat. interpretatio Poematis gal. de vitâ Chrifti, 1664. — P. de Baffonville Caftra compendienfia, 1699. — Jo. Bellaii Poemata, 1658, & Xenia, 1659. — Rol. Betolandi Hodœporicum, & P. Fulvii Furores, 1575. — Th. Bezæ Poemata Juvenilia. — Jac. Bidermani Epigrammata, 162 . —

Jo. Biſſolii Deliciæ veris, 1640. — Le Lutrin de Boileau, trad. en vers Latins, par Bizot, 1767. — D. Pauli Epiſtolæ ad Orphicam Lyram traductæ a Fr. Bonado, 1537. — Jo. Bonefonii Paucharis, 1687. — Ejuſd. Operæ omnia Lat. & Gal. 1725. — Varia ejuſd. & Bonefonii filii Poemata ex variis annis. — Nic. Borbonii Vandoperani nugæ, 1540. — N. Borbonii jun. Poematia expoſita, 1630. — Rod. Boterei Lutetia, 1611. — Adr. de Boulogne Epigrammata, 1648. — Moſanti Brioſii Poemata Latina, 1658, 1663, 1669. — G. Buchanani Poemata & Sphæra, 1641 & 1587. — Fr. Henr. de Bukentop Medulla Tritici, 1703. — Nic. Burgetii Ammnioæres curæ, & poetica forenſium moleſtiarum Diludia, 1692; 32 vol. in-4., in-8., in-12 & in-18.

339 Epigrammata Ch. Cacheti, 1622; & N. Catharini, 1660. — Jo. A. du Cerceau Opera, 1724. Th. Cevæ Philoſophia novo-antiqua, 1726. — Jo. Chevalier Proluſio poetica. Flexiæ, 1638, 5 vol. in-8. & in-12.

340 Petri Deponte Ceci incomparanda genovefeum. Pariſiis, 1512, in-8. rel. en bois. (*Exemplaire très - bien conſervé.*)

341 Alb. Daugieres Carmina, 1694. And. Declercq ſylvæ & Miſcellanæa, 1637. — Frid. Dedekindi Grobianus, de morum Simplicitate, 1549. — Jo. Dufour Horatius Chriſtianus, 1629. Hypocratis aphoriſmi expreſſi verſibus à Fr. Duport, 1574. — P. Joſ. Duvachet Poemata, 1664. 6 vol. in- ..& in 12.

342 Jo. Hebenſtreit Pathologia metrica. Lipſiæ, 1740, in-8. — Camilli Eucherii de Quintiis Iranime. Neapoli, 1726, in-8. fig.

343 M. Ant., Jo. Ant. & Gabr. Flaminiorum Carmina. Patavii, 1763, in-8.

344 Ven. Hon. Fortunati Epiſcopi Pictavienſis Poemata, mſſ. ſur papier du 16ᵉ ſiècle, in-8.

345 Leon. Frizon Opera poetica, 1675, in-8.; ejuſdem Furſtenbergiana, 1684, in-12.

346 Ferdin. de Furſtenberg Poemata. Amſt. 1671, in-8. vel. d. ſ. tr. *Exᵉ de Baluze.*

347 Syphilis trad. par Macquer & Lacombe, 1753. — P. Francii Laurus Europœa, 1687. — Fannianus de Bello Arriano, 1604, in-4. — Nic. Friſchlinii Carmen de aſtronomico Horologio argentoratenſi; ejuſ. Hæbreis, 1573, & 1599. — And. Frufii Epigrammata, 1609, 6 vol. in-4. in-8. & in-12.

348 Ant. Garabii Miscellanea , 1663. — Aug. Gazæi pia
Hilaria, 1629, & 1639. — Eadem, 1657. — Nic. Ger-
vasii Carmina, 1659, & seq. — Jo. Girardi Epigrammata
& Poemata, 1552 , 1575 & 1558. — Fr. Grimaldus de
vitâ Aulicâ. Romæ, 1741. — H. Griffet varia Carmina ,
1766. — Hug. Grotii Poemata , 1637, 10 vol. in-4.,
in-8. & in-12.

349 Ant. Hallæi Opuscula Miscellanea, 1675. — Dan.
Heinsii Poemata, 1610. — Nic. Heinsii Poemata, 1653.
— Fr. Hœmi Poemata, 1578. — Sid. Hosschii Elegiæ,
& G. Becani Idillia & Elegiæ ,1723. — Const. Hugenii Mo-
menta desultoria, 1655, Ulrichi Hutteni Opera poetica,
1538, 7 v. in-8, in-12 & in-18.

350 Mich. Hospitalii Epistolæ. Lutetiæ, 1585, in-fol.; &
Lugd. 1592, in 8. ; ejusdem Carmina. Amstel. 1732, in-
8. ; Essai de traduction de quelques Epîtres & autres Poésies latines de Michel de l'Hôpital, par l'ab. Couppé. Paris, 1778, 2 vol. in-8.

351 Carmina Huetii & Fraguerii, 1729. — Eorumdem , &
aliorum ex Acad. Gal. Poëtarum , 1738, 2 v. in-12.

352 Ph. d'Inville Carmina, 1691, in-12. — Had. Junii pia
& moralia Carmina. Lugd. Bat. Elzev. 1598, in-8.

353 Dom. Ludovici Carmina & Inscriptiones. Neapoli ,
1746, in-8.

354 Connubia Florum , aut. D. de Lacroix, 1728, fig. —
Fr. Lefebvre Aurum Carmen, 1703. — Car. de Lignières
Alexius , 1665. — Jo. Luca actio Oratoris, 1675, 4 vol.
in-8. & in-12.

355 Varia Macrini Poemata , ex var. edit. 4 vol. in 8.

356 Carmina Gab. Madeleneti, 1662, & Car. Malapertii,
1624. — J. B. Mantuani Bucolica, 1546. == Jac. Corn. a
Marca Opera, 1613. — Fr. Mauri Franciscias, 1572. —
Jo. Maury Statium sapientiæ & varia Poemata , 1676.
== Hier. Meazza extemporanea Poesis , 1672. — P. Me-
lissi Schediasmata poetica, 1586. — Ægid. Menagii Poe-
mata, 1668 & 1687. — Ejusd. Miscellanea, 1652. — Nic.
Mercerius de officiis Scholasticorum, 1664. == Liv. de
Meyer Poemata, 1703. — Jac. Moireau Poemata, 1663,
& Pygmœidos libri octo. 1676. — Rob. Monnierius de
Vita Christi, 1628. — Th. Mori Epigrammata, 1638.
— Jo. Morelli Poemata & Epigrammata, 1600 & 1612.
— Poésies de Muret, mises en vers François par Moret.
Par. 1682. — Joach. Mynsingeri à Frundeek Poemata,
1585, 22 vol. in-4., in-8., in-12. & in-16.

357 Æmilius Macer de herbarum virtutibus, & Strabi Galli
hortulus vernantiſſimus, 1530—Jo. Rav. Textoris Dialogi
aliquot & Epigrammata, 1542, in 8.

358 Gab. Naudæi epigrammata, 1650. — M. Neviani de
plantarum virtutibus poemata, 1563. — Œgid. Nicolle
ſacra Davidis Pſalmodia, 1703, 3 vol. in 8.

359 Car. Noceti de Iride & aurorâ Boreali carmina. Romæ,
1747. — Les Eclipſes, trad. de Boſcovich, par Barruel.
Par. 1779, 2 vol. in-4.

360 P. d'Orville opera. Amſt. 1740, gr. in-8. vél. fig.

361 Vinc. Obſopœus de arte bibendi. Norimbergæ, 1536,
in-4. — Fr. Oudin ſilva diſtichorum me alium. Divione,
1720, in 8. — Jo. Owen Epigrammata. Elbingæ, 1616,
in-8., & Toloſæ, 1671, p. in-12.

362 Marc. Palingenii Zodiacus vitæ. Roterodami, 1722,
in-12. — Le même, trad. avec notes, par de la Monnerie.
Londres, 1733, 2 t. 1 vol. in-12.

363 Steph. Paſchaſii Epigr. & Poemata, 1582, 1585 &
1618, in-8. & in-16. — Pratum Cl. Prati, 1614, in-8.
— Conſt. Pulcharellii Carmina. Flexiæ, 1619, in-12.
— Jac. Prouſt amoris victimæ, Tragedia, in-8. mſſ.

364 Jo. Paſſeratii Kalendæ Januariæ. Lut. 1597, in 4. avec
des corrections & additions, que Beaucouſin attribue à
Paſſerat, & dont Rougevalet, ſon éditeur poſthume,
paroît n'avoir pas eu connoiſſance, n'en ayant fait aucun
uſage. — Ejuſd. Paſſeratii Kal. Januariæ & varia quædam
poematia, 1603 & 1606, in-8. 2 vol.

365 Hymnus Angelicus (aut. Fr. Fenon.) 1676. — Barth.
Pereiræ Facieidos libri XII, 1646. — D Petavii Opera
poetica, 1642. — P. Petiti Poemata ſelecta, 1683. —
Mart. Pilii Liber de ambitione & alia poemata, 1641.
Jac. Pinonis de anno romano Carmen, 1616; idem &
varia alia Pinonis Poemata, 1630. — Jac. Pinonis Con-
dœi ſacra muſa, 1669. — Melch. de Polignac, anti-
Lucretius, 1749. — Aug. Politiani ſylvæ, 1554. — J. If.
Pontani Poemata, 1634. — J. Jov. Pontani Carmina,
1556, in-8. — Rich. Powney templum harmoniæ, carmen
epicum. Londini, 1745, 12 vol. in-4, in-8. & in-12.

366 Jo. Fr. Quintiani chriſtiana Poemata. Pariſiis, 1514,
in-fol. rel. en bois.

367 Cl. Quilleti Callipœdia, 1655, 1656 & 1708. —
La Callipedie, trad. en franç. par d'Egly. Par. 1749,
4 vol. in-4 & in-8.

368 Rapini Horti, 1665 & 1666. — Ejuſd. Chriſtus pa-

tiens, 1713. — Abr. Remmii Poemata, 1645. — Jo. Fr.
Ripensis Carmina, 1561. — Ph. Roberti Carmina græca
& latina, 1666 — Cl. Roilleti Poemata, 1556. — Seb.
Rolliardi agrocharis, 1598. — Ejusd. Æviternitas Justi
Lipsii, 1606 ; Ejusd. Justi Lipsii Musæ errantes, ed. Fr.
Swertio, 1610. = Cl. Rosseleti Epigrammata, 1537. —
Joa. Ruxelii Poemata, 1600. — Ejusd. Poemata & ora-
tiones, 1636 — Ren. Mich. Rupemallei Poematia, 1658.
— Car. Ruæi Carmina, 1680 & 1688. — Justi Rycquii
Farcæ, 1624, 16 vol. in 4. in-8. & in-12.

369 Sarmatides, seu satyræ cujusd. Equitis Poloni, 1741,
in-4. — A. Steinhaveri Vado mori. Arg. 1731, in-12.

370 Varia Scev., & Abelli Sammarthanorum Poemata, ex
var. edit. 7 vol. in-4. in-8. & in-12.

371 Βασιλία omnium illiberalium, mechanicarum, aut se-
dentariarum artium genera continens, versu elegiaco,
Francof. ad M. 1568, in 8. fig. de Schopper.

372 Santolii Opera, 1729, 3 vol. in-12.

373 Carmina Sanadonis, 1715 ; & Sarbievii, 1647. — Jac.
Savary album Dianæ leporicidæ ; & venationis cervinæ,
capreolinæ, aprugnæ & lupinæ Leges, 1655 & 1659.
— Fr. Eulalii Savastani institutiones rei herbariæ, 1711.
— P. J. Sautel Lusus poetici allegorici, 1665. — Jul.
Cæs. Scaligeri Poemata. in Bibliopolio Commeliano,
1600. — Jos. Jus. Scaligeri Opuscula varia 1612, & Poemata omnia, 1615. — Corn. Schouæi Terentius Chris-
tianus, 1614. — Conr. Sam. Schurzfleischii poemata lat.
& græca, 1702. — Jo. Secundi opera, 1618. — Jo.
Sirmondi Carmina, 1654, 13 vol. in-4. in-8. & in-12.

374 Jo. Testefort Philosophia thomistica, 1634 — Jo. Ra-
visii Textoris Dialogi & Epigrammata, 1524. — Vit.
Theroni Reliquiæ Poeticæ. Tolosæ, 1645. — Elegia vet.
& nov. testamenti Em. Thesauri & Aloysi Juglaris, 1665.
— Thuani Jobus, 1587 ; de re accipitraria, 1587, &
poemata sacra, 1599. — Fr. Tiburtii melodia subtilis,
1684. — Peplus Italiæ, aut. Toscano, 1578. — Adr.
Turnebi Poemata, 1580, 10 vol. in-4. in-8. & in-12.

375 Raph. Thorii hymnus tabaci. Londini, 1626, in-12. —
Jac. Balde satyra contra abusum tabaci. Ingolstadii, 1657,
in-12. — Jo. Marie Laus tabaci. Par. 1718. — J. B.
Godefroy tabacum, Carmen.

376 Valer. Varanius de gestis Joannæ Virginis Francæ,
egregiæ bellatricis. Par. 1516, in-4.

377 Vanierii Prædium rusticum & Opuscula, 1730, in-12.

— Fr. Vavaſſoris de Epigrammate liber & Epigrammata,
1678 ; Ejuſd. Multiplex & varia poeſis ; *ibid.* 1683 ; 3
vol. in-8. — Jo. M. Velmatii Chriſteïdos libri X & actus
apoſtolorum. Veneriis, 1536, in-4. fig. en bois, (*titre
refait au crayon*). — Vidæ opera, 1581, in 18. — Jo.
Vulteii (vulgo Faciot dicti) hendeca ſyllaborum libri
IX , & inſcriptiones, 1538, in 18. — Nic. Unelli (Per-
cheron) Franciados libri II. 1649, in-12.

378 Bern. Zamagnæ Echo , & ſelecta græcorum carmina
versa latine a R. Cunichio. Romæ, 1764, in-8. vél.

379 Fauſti Buccolica. Pariſiis , 1501. *Idem de ſecunda
victoria Neapolitana. Ibid.* 1502. Epigrammata Bapt.
Mantuani. *Ibid.* Jehan Petit, *ſine anni notâ.* Fr. Petrar-
chæ Bucolica Carmina , & F. Bap. Mantuani Bucolica.
Ibid. 1502, &c., in 4.
On vendra à la ſuite de ce n°. *, beaucoup de pièces
de Poëtes latins modernes , dont il ſera fait plu-
ſieurs lots.*

Poëtes Français.

380 Hiſt. de la Poéſie Françoiſe (par Merveſin) 1706,
& par Maſſieu, 1739. — Art Poétique françois avec le
Quintil Horatien, 1551. — Art de la Poéſie Françoiſe
(par Petis de la Croix) 1675. — Poéſie Françoiſe de
Mourgues, 1754, 5 vol. in-12 & in-16.

381 Théâtre François , par S. Chappuzeau, 1674, in-12.
— Hiſt. du Théâtre François. Dreſde , 1768, 3 v. in-8.

382 Délices de la Poéſie Françoiſe , 1621. — Nouveau
Recueil des plus beaux vers de ce tems, 1609. — Rec.
des plus beaux vers de Malherbe, Racan, &c. 1638. —
Recueil de Pièces couronnées ſur le Puy de l'immaculée
Conception, 1668. — Recueil des plus belles épigrammes
des poëtes françois, 1700, 6 vol. in-8. & in-12.

383 Parnaſſe des plus excellens Poëtes de ce tems , par d'Eſ-
pinelle, 1618, 1 vol. in-12. — Cabinet des Muſes, 1619,
in-12.

384 Choix de pièces mor. & chrét. Par. 1740. — Parnaſſe
moral & chrétien , par Brillon Duperron. Paris, 1775,
in-8., 4 vol.

385 Le Cabinet ſatyrique. Paris, 1634, in-8. — L'Eſpadon
ſatyrique de Deſternod. Lyon, 1623, in 12.

386 Epître du Roi à Hector de Troyes, & aucunes autres
Œuvres aſſez dignes de voir, par Jean Lemaire. Par. ſ.
d. in fol. goth. — Les Faits & Dits de Jean Molinet. Par.

1537, in-8. goth. *Exemplaire de Catherinot, avec sa signature.* = Œuvres de Fr. Villon, 1533, in-8. mff. = Les mêmes. La Haye, 1742, in-12. = Délie, objet de plus haute vertu, 1564, in 16.

387 Œuvres de Clément, Jean & Michel Marot. La Haye, 1731. 6 v. in-12. v. br.

388 Œuvres poétiques de Mellin de St. Gelais. Lyon, 1574, in-12. = De J. Passerat, 1606, in-8. = De Bertaut, 1633, in-8. — De Ph. Desportes, 1611, in-12. = Ville de Paris en vers barlesques, par Berthod. 1653, in 4. — Jeux d'Ant. de Baïf. 1573, in-8.

389 Œuvres Françoises de Joach. du Bellay, 2 vol in 4.

Cette Collection est la réunion de tous les Morceaux écrits en François, par du Bellay, & retirés des différentes éditions de ce Poëte.

390 Poésies de Jacq. Peletier du Mans. Paris, 1547 & 1581. in-8. & in-4. = De Remy Belleau, 1576, in-4. — Isabelle de Laval, 1578, in-8. — Poëmes d'Expilly, 1596, in-4.

391 Cantiques du S. de Maisonfleur & Quatrains spirituels de l'honnête Amour, par Rouspeau, 1584. — Sonnets spirituels de Jacq. de Billy, 1573. — Job par Rouillard. = Odes spirituels par Anne Picardet, 1623. — Le Combat spirituel, par Desmarets, imprimé au Château de Richelieu, 1654. = Sonnets sur J. C. par de Bonnecamp, 1687. — Odes sacrées, par de Bologne, 1758, 7 vol. in-4. & in-12.

392 Les Œuvres de P. Ronsard. Paris, 1623, 2 vol. in-fol. = Discours de la vie de Ronsard, par Cl. Binet, 1586, in-4. = Apologie d'un Homme Chrétien pour imposer silence aux sottes repréhensions de Ronsard. (Orléans) 1564; Réponse aux Calomnies contenues au Discours sur les Misères de ce tems de P. Ronsard, & sa Métamorphose en Prêtre, 1563, in-4.

393 Les Œuvres de Sal. Dubartas, Paris, 1611, in-fol. v. br.

394 Œuvres Latines & Françoises de Nas. Rapin, 1610, in-4. — De Frenicle, 1629, in 8. — De Théophile, 1662, in-12. — Du S. Auvray, 1634, in 12; & 6 autres vol. de Poésie.

395 Hymnes, Sireine & Sylvarine par d'Urfé. 1608, 1618 & 1627, 3 vol. in-4. & in-8.

396 Poésies de Levasleur, 1688, in-8. v. f. f. d. f. tr. — Du Ch.

Ch. d'Aceilly, 1667, in-12. = De Gombauld, 1646, in-4. = S. Paulin par Perrault, 1686, in-4.

397 Pucelle, par Chapelain. Paris, 1656, in-fol. fig. v. br.

398 Œuvres de Balzac. Paris, 1665, 2 v. in-fol. v. br.

399 Epigr. de Colletet, 1653. = Œuvres de St. Amant, 1660. Moyse sauvé par le même, 1653. = Œuvres de Tristan, & Vers héroiques du même, 1638 & 1648. — Œuvres de Maynard, 1646. — Satyres de Dulorens. 1646, 7 vol. in-12 & in-4.

400 Le Pain-Bénit de M. de Marigny, 1673. = Allée de la Seringue, par Lenoble; Valantins, Questions d'Amour, & 8 autres vol. de Poésie.

401 Œuvres de Malherbe, 1666, in-8; 1723, 3 vol. in-12; 1757, grand in-8.; & 1764. p. in-8.

402 Œuvres de Racan. Par. 1724, 2 vol. in-12.

403 Les Bergeries & les Odes de Racan, de diverses éditions, & Recueil des plus beaux Vers de Racan, in-8. & in-12. Dernières Œuvres de Racan. Par. 1670, in-8. *Exemplaire donné par l'Auteur au Noviciat des Jésuites; & precieux par des Changemens faits à la main, & une strophe d'Additions qui vraisemblablement sont de l'Auteur lui-même. Coustelier ne les a point connus.* (*Note du C. Beaucousin.*)

404 Œuvres de Boileau - Despréaux, avec les Remarques de St. Marc. Amsterdam, 1772, 5 vol. in-8. v. f. fil.

405 Le Théâtre de P. Corneille. Paris, 1747, 7 vol. in-12. v. m.

406 Œuvres de Molière. Paris, 1753, 8 vol. p. in-12. fig. v. m.

407 Œuvres de Racine. Paris, 1779, 3 v. p. in-12. v. m.

408 Œuvres de Crébillon. Paris, 1772, 3 vol. p. in-12. v. ec.

409 Théâtre & Œuvres diverses de Pannard. Paris, 1763, 4 v. in-12. v. m.

410 Poésies de Lemoine, Pavillon, Regnier des Marais, de Mᵉ. de Saintonge, de Senecé, de Villiers, 9 vol. in-12.

411 Caquet-Bon-Bec, la Poule à ma Tante, 1763. — Le Badinage, ou les Nôces de la Stupidité, 1765. — La Dunciade, 1787. — La Pucelle de Paris, 1776. — Narcisse dans l'isle de Venus, 1769. — Œuvres de Bernis, 1767, 7 vol. in-8 & in-12.

412 Agriculture par Rosset, 1777. — Les Mois par Rou-

F

cher , 1789. — L'inoculation, par l'ab. Roman, 1773. — = Les Saifons, par St. Lambert, 1778. — Œuvres de Léonard, 1787 ; & de Bonnard, 1791, 8 vol. in 8. & in-12.

413 Jardin deys Mufos Provenfalos , par Cl. Brueys. Aix, 1628 , p. in-12.

414 Le Ramelet Moundi de Goudelin. Toulouse, 1621, in-8.

415 Noei Borguignon de Gui Barozai (de la Monnoye) ai Dioni, 1720, in-8. v. f.

Poëtes Anglois & Allemands.

416 Idée de la Poéfie Angloife, ou traduction des meilleurs Poètes Anglois, par Yart. Paris, 1753 , 8 vol. in-12.

417 Le Paradis perdu de Milton, trad. par Racine. Paris, 1755, 4 v. in-12. v. m. — Le même trad. en vers François, par Baulaton. Montargis, 1778 , 2 t. en 1 vol. in 8. — Le même trad. par Mofneron. Paris, 1788, 2 v. in-8.

418 Leonidas, Poëme trad. de l'Anglois. Par. 1738. — Le Marchand de Londres, trag. bourgeoife, trad. de l'Anglois de Lillo, 1748. = Fables de Gay, & le Poëme de l'Eventail, trad. par Md^e. de Keralio. Par. 1769. — Fables choifies de Gay en vers François (par de Mauroy). Par. 1784. 4 v. in-12.

419 Les Saifons, trad. de l'Angl. de Tompfon. Par. 1779, in-8. fig.

420 Choix de Poéfies Allemandes, par Huber. Par. 1766, 4 vol. in-8.

421 Le Meffie , Poëme trad. de l'Allem. de Klopftock, par d'Antelmy. Paris, 1769, in-12. — La Mort d'Adam trad. du même par de St. Ener. Paris, 1762 & 1770, in-12 & in-8. — Poéfies Lyriques de M. Ramler, trad. de l'Allem. 1777, in-12.

422 Œuvres de Haller, trad. de l'Allemand, fc. fes Poéfies par Tfcharner. Zuric, 1753 , & avec augmentations, Berne, 1760. — Ufong, par S. D. C.... Paris, 1772. — Alfred, Roi des Anglo-Saxons, par C. P... Laufanne, 1775. — Fabius & Caton par F. L. Kœnig. Laufanne, 1782 , 6 vol. in-8 & in-12.

423 Œuvres de Gefner, trad. de l'Allem. fc. La Mort d'Abel , par Huber. Par. 1762. = Daphnis & le premier Navigateur. par le même. Ibid. 1762 — Paftorales & Poëmes. Ibid. 1766. — Idylles & Poëmes champêtres, par le même.

Lyon, 1762. — Nouv. Idylles, par Meister. Par. 1776, 5
vol. in-12. = Poesies Helvetiennes, par M.... B. Lausanne,
in-8. fig.

Mythologie, Fables & Emblêmes.

424 Appollodori de Diis libri tres, Gr. & Lat. Salmurii,
1661, in 8. — Nat. Comitis Mithologia. Par., 1583,
in-8.

425 Æsopi & aliorum Fabulæ in linguam Lat. versæ. Par.
1534; Lugd. 1548, & Antuerpiæ, 1558. 3 v. in-8. & in-
12. — Tan. Fabri Fabulæ, Locmanis Arabico Lat. vers.
redditæ. Salmurii, 1613, in-12.

426 Phædrus Jo. Meursii cum Fabellis & Ænig. veterum
Poetarum Gr. & Lat. 1610, in-8. = *Idem* cum gal. versione. Hagæ Com. 1725, in-12. -- *Idem* Gabrielis Brot-
tier. Par. 1783, in-12. v. f. d. s. tr.

427 Fables de Lafontaine, de différentes éditions. --Fables
de M... Par. 1670, in-12. -- De Richer, 1744, in 8. --
De Dreux du Radier. *Ibid.* 1744, in-12. — De Cl. Fr. Fel.
Boullanger. *Ibid.* 1754, in-12. — De Lemonnier. *Ibid.*
1773, in 8. — De L. P. Herissant. *Ibid.* 1783, in-12.—
De Didot l'aîné. *Ibid.* 1786, pap. vél. 10 vol. in-12.

428 Oth. Vænii Amoris divini Emblemata. Antuerpiæ,
1615, in-4. fig. — Vie de la Mère de Dieu représentée
par Emblêmes, in 4. fig. *sans date ni indic. de lieu.*

429 Emblêmes de l'Amour divin. Paris, Landry. s. d. in-
12, fig. —Devises & Embl. d'Amour divin, moralisés.
Ibid. 1672, in-12, fig. d'Alb. Flamen. — Amoris divini
& humani Antipathia. Antuerpiæ, 1629, in-12, fig. —
Emblêmes d'Amour divin & humain, expliqués par des
vers François, par un Capucin. Paris, Mariette, s. d.
117 fig. in-12. = Mystères de l'Amour divin. Paris, 1619,
in-12, fig.

430 Alciati Emblemata. Antuerpiæ, 1577, in-8. v. dent.
» *Cet Exemplaire a appartenu à Nicolas Raulin, &*
» *ensuite à Samuel Raulin son fils. Ils le portoient*
» *avec eux dans leurs différens voyages, & tous les*
» *Savans qu'ils visitèrent, consignèrent de leur main,*
» *& la plupart par des vers, les marques de leur haute*
» *estime pour les Raulin, sur du papier blanc placé*
» *entre chaque feuillet du volume. Il y a à la fin, une*
» *Table mss. de ces Personnages célèbres parmi lesquels*

F 2

» on diſtingue Henri Eſtienne, Scaliger, Cujas, &c. &c.
» Ce qui rend l'Exemplaire très curieux. »

431 Had. Junii Emblemata. Antuerp. 1565. — Jul. Guil.
Zincgrefii Embl. Ethico-politica, 1619, fig. de Th. de
Bry. — Mercerii Emblemata, abſque anni & loci indic.
in-4. fig. = Academiæ Altorſinæ. Norib. 1597, in-4.

432 Diſcours des Hieroglyphes Ægyptiens, & 54 Tableaux
Hieroglyphes, par P. Langlois. Paris, 1584, in-4.

433 Philoſophie des Images, par Meneſtrier, in-8. —
Art de faire les Deviſes, par H. Eſtienne, 1645, in-12.
— Devises héroïqùes & Emblêmes de Cl. Paradin, 1622.
fig. in-12. — Emblêmes & Deviſes, par Giſſey, 1656,
in-4. — 50 Deviſes pour M. Colbert, par de Silveaum,
Lyon, 1683, in-4.

Romans.

434 Origine des Romans, par Huet. Paris, 1711, in-12.
— Uſage & Biblioth. des Romans, par Gordon de Percel
(Lenglet Dufreſnoy). Amſt. 1734, 2 vol. in-12.

435 Hiſt. Œthiopique d'Heliodorus contenant les Amours
de Theagenes & Chariclée, trad. du Grec par Amyot. Paris,
1585, p. in-12. — Amours de Rhodante & de Doſiclès,
trad. du Grec de Théod. Prodromus, 1746, in-12.

436 Achilles Tatius de Clitophontis & Leucippes amoribus,
ed. Cl. Salmaſio, Gr. & Lat. Lugd. Bat. 1640, in 12.
v. f. — Amours de Clitophon & de Leucippe, trad. en
François (par Belleforeſt). Paris, 1568, in-8. — Amours
de Carite & de Polydore, trad. du Grec, (par Caſtanier).
Par. 1760, p. in-8.

437 Tableau des riches Inventions, par Beroalde. Par. 1600,
in-4. fig.

438 Aſtrée de Durfé. Par. 1733, 5 vol. in-12, fig. — Amours
de Philocaſte (par Jacq. Corbin). Par. 1601, in-12.

439 Zaïde par Segrais, 1670, in-8. — Princeſſe de Cleves,
1678, in-8. 4 vol.

440 Roman comique de Scarron. Paris, 1752, 3 vol. p. in-
12. v. m.

441 Le Roman Bourgeois, par de Furetière. Nancy, 1713,
in-12. fig. v. br.

442 Sethos, par Terraſſon. Paris, 1731, 3 v. in-12. = Relation des Troubles arrivés dans l'Empire de Pluton, au
ſujet de l'Hiſt. de Sethos. Amſt. 1731, in-12.

443 Silvie, 1743, fig. = Temple de Gnide. ſ. d. fig. &

vign. — Arface & Ifménie. — Acajou & Zirphile, fig. 4 vol. in 8. & in-12.

444 Pamela, ou la Vertu récompenfée, trad. de Richardfon, par l'ab. Prevoft. Amfterdam, 1744, 4 vol. in-12. v. fil. fig.

445 Hiftoire de Mifs Clariffe Harlove, trad. de Richardfon, par l'ab. Prevoft. Londres, 1751. 7 v. in-12. v. f fig.

446 Hift. du Ch. Grandiffon, par l'ab. Prevoft. Amfterdam, 1755, 4 v. in-12. fig. v. m.

Facéties, differtations finguliéres, critiques, fatyres, apologies.

447 L. Domitii Brufonii facetiæ, & exempla. Bafileæ, 1559, in-4., & Lugduni, 1562, in-8.

448 Argumentorum ludicrorum & amænitatum fcriptores varii. Lugd. Bat. 1623. — Differtationum ludicrarum & amænitarum fcriptores varii. L. B. 1644. (Titre à la main). — Facetiæ facetiarum. Pathopoli, 1657, 3 vol. in-12.

449 Democritus ridens, feu Campus recreationum honefta- rum, cum exorcifmo Melancholiæ. Amftel. 1555, in-12. v. br.

450 Œuvres de Rabelais. Lyon, 1593. — Jug. & nouv. Obfervations fur les œuvres de Rabelais, par J. Bernier. Paris, 1697, 2 vol. in-12.

451 Comus, ou Banquet diffolu des Cimmeriens, fonge, trad. d'Ery. Puteanus, par Pelloquin: Paris, 1613, p. in 12.

452 Eloge de la Folie, trad. par Barett. Par. 1789, fig. Theophili Reynaudi Laus brevitatis. Grationopoli, 1649. — Erycii Puteani ovi Encomium, 1617. — H. Cardani Neronis Encomium, 1680, 4 vol. in-12. & in-18.

453 L'Apologie des Fainéans, ou la Défenfe de l'Oifiveté, 1665, in-4. v. br.

454 Laus Podagræ. Ambergæ, 1611, in-4. — Jac. Balde folatium Podagricorum. Monachii, 1661. — Erycii Puteani Cæcitatis confolatio, 1609, petit in-12.

455 Sal. Priefac Icon Afini. Par. 1659, in 4. — L'Afne, (par L. Coquelet) 1729, in-12. — Eloge de l'Ane, par un docteur de Montmartre, 1769, in-12. — Eloge de l'Ane, lu dans une féance académique, par Ch. Phi- lonagre, in-12. *avec la fig.*— Les Anes de B** (Beaune) par M. A. T. C. D. L. P. E., 1783, in-12. — Les frères Lafne, anciens commerçans à Beaune, 1784, in- 12. — Mém. Littéraires de Montmartre, 1786, in-12,

& autres pièces critiques, burlesques & allégoriques sur le même sujet.

456 Recueil de Pièces satyriques & facétieuses sur Rien & Quelque chose, dont Eloge de Quelque chose suivi de l'Eloge de Rien, *annoté par Beaucousin.* — Eloge de Quelque chose dédié à Quelqu'un. Caen, 1748, in-12.

457 La Magnifique Doxologie du festu, par S. Rouillard. Paris, 1610, in-8. — Le Nez (par du Commun). Amst. 1717, in-12.

458 Art de Péter. En Westphalie, 1751, in-12.; le même, suivi de l'hist. de Pet-en-l'air & de la Reine des Amazones, & de l'origine des Vuidangeurs. *Ibid.* 1775, in-12. avec la fig. Le même, augmenté de la Société des Francs-Péteurs. *Ibid.* 1776, in-12. avec la fig. Hist. & Avantures de Milord Pet, par Mde. Fesse. Lahaye, 1775, in-12. — L'Esclavage rompu, ou la Société des Francs-Péteurs. A Pordépolis, 1756, in-12. — Oratio pro crepitu ventris habita ad Patres crepitantes ab. Eman. Martino. Lauf. 1767, in-12. — Les malh. Amours de M. Pet en-haut, & de Mlle. Vesse-en-dessous, 1786, in-8. — Description des 6 Pets, avec le Testament de Roger-Bon-Tems, par M. Chicourt, in-12.

459 Les Soupirs du Cloître, par Cl. Guymond-de-la-Touche. — La Cordeliade, poëme en cinq chants, *mss.* — Eloge de la Paresse, dédié à un moine. — Essai sur l'histoire naturelle de quelques espèces de moines, décrits à la manière de Linnée, trad. du lat. & orné de fig. — Hist Naturelle des moines, écrite d'après la méthode de Buffon, fig. — La Liberté du Cloître, poëme en 4 chants. — Arlequin réformateur dans la cuisine des Moines. — Et l'Anti Moine, fig., 8 pièces in-8.

460 Silloge Epigrammatum & Gryphorum convivialium, ex recens. N. Reusneri. Francof. 1602. — Recueil d'Enigmes & de logogriphes, par Berthelin, 1746. — L'Art de ne point s'ennuyer, par Deslandes. — L'Art de désopiler la rate, par Panckoucke, in-12, 5 vol.

461 Recueil de ces Messieurs, 1745, in-12. — Mém. de l'Acad. de la Ville neuve de Nancy, 1757, in-12., *tome Ier. C'est le seul qui ait paru.* — Discours du Docteur Baragouin, & autres pièces badines & burlesques.

462 De Virginitate, virginum statu & jure tractatus jucundus, per Henr. Kormannum. Coloniæ, 1765, in-12. — Entretiens familiers de deux Médecins sur les questions à la mode. Cologne, 1713.

463 De universa scientia quod Nihil scitur, aut. Fr. San-
chez. Francof. 1618 , in-8. — Tan. Fabri fil. de futilitate
poetices. Amst. 1697, in-12. — Cacocephalus, sive de
Plagiis opusculum. Musticone, 1694, in-12. — Détails
curieux sur le Plagiat , 1741 , in-12.

464 Jo. Pierii Valerianus de litteratorum infelicitate. Venetiis , 1620; Laurentii Pignorii symbolæ Epistolicæ. Patavii,
1628 , in-8. fig. ▬ Ir. Carpenterii eruditorum cælibum
centuriæ. Accedunt Alb. Frid. Mellemanni Dissertatio de
matrimonio litterati , & Dan. Heinsii Epistola an & qualis
viro litterato ducenda sit uxor. Vittemb. 1714 & 1715 ,
in 8. — De Eruditione Apostolorum liber singularis. Florentiæ , 1738 , in-8.

465 P. Mochii de cruciatu, exilioque Cupidinis Dialogus.
Par. 1537. — Acad. des Philosophes sur l'amour, 1642.
— Caract. du Faux & du Véritable Amour , & Portrait
de l'Homme de Lettres amoureux. — Alm. des Cocus ,
1741 , in-12.

466 H. Corn. Agripa de Nobilitate & Præcellentiâ feminei
Sexus & alii Tract. Antuerpiæ, 1529 ; Palephatus de non
credendis Historicis. Ibid., 1528, in-8. — De la Grandeur
& Excellence des Femmes au-dessus des Hommes, trad.
d'Agrippa, par d'Arnaudin. Paris, 1713 , in-12. ▬ Triomphe des Femmes , où il est montré que le Sexe féminin est
plus noble & plus parfait que le masculin, par C. M. D.
Noël. Anvers, s. d. in-12. — Le Bouclier des Dames contenant toutes leurs belles Perfections, par L. le Bermen.
Rouen , 1621, in-12. — Les Dames illustres, où par de
bonnes raisons , il est prouvé que le Sexe féminin surpasse
en toutes sortes de genres, le Sexe masculin, par Dlle. J.
Guillaume. Paris, 1665, in-12. — Le Mérite des Dames,
par de St. Gabriel, 1655, in-12. — La Femme n'est pas
inférieure à l'Homme, par de Puisieux, 1750, in-12. —
Réflexion de la Lune sur les Hommes, par Mlle. de
B***. 1654, p. in-8.

467 Alphabet de l'imperfection & malice des Femmes ,
par J. Olivier. Paris, 1643, in- 12. — La Reine des
Femmes. Ibid , 1643, in-12. — La Méchante Femme.
Ibid , 1728 , in-12. — Les Entretiens de Théandre &
d'Isménie, sur un ancien & fameux différend, par J. B.
Decenes. Rid. 1687, in-12. — Réplique à l'anti-malice
des femmes du S. Vigoureux, par de la Bruyerre. Ibid.
1617, in-12. — L'Art de rendre les Femmes fidèles. Par.
1713 , in-12. ▬ La Liberté des Dames. Ibid. 1685, in-12.

468 De l'Heur & Malheur de Mariage, par J. de Marcon-
ville. Paris, 1571, in-8. — Les Épreuves du Mariage,
pour retirer les jeunes gens, & autres de folles & précipitées amours, par Varin. Ibid. 1604, in-12. — Traité de
l'excellence du Mariage, où l'on fait l'apologie des Femmes
contre les calomnies des Hommes, par Jacq. Chauſſé.
Paris, 1689, in-12. — Du Bonheur & du Malheur du
Mariage, par de Mainville. Ibid. 1686, 2 t. en 1 vol.
in-12. — Le Mariage, ſes agrémens & ſes chagrins. Paris,
1692, 3 vol. in-12. — Lettres ſur le Mariage. Londres,
(Hollande) 1752, in-12. — Diſcours en la louange du
Mariage, 1599, in 12.

469 Petronii Satyricon. Lut. Par. 1601, in-12. — Idem,
Helenopoli, 1610, in-8. — Satyre de Petrone, par de
Boiſpréaux. Lahaye, 1742, 2 vol. in 12.

470 Dan. Heinſii ſatiræ duæ, Hercules tuam fidem, & J.
Scaligeri Burdonum fabulæ confutatio. Lugd. Bat. Elz.
1617, p. in-12. — P. Cunæi ſardi venales. L. B. 1627,
in-18. — Miſoponeri ſatyricon cum notis, 1617, in-12.

471 Barclaii Euphormionis ſatyricon, 1627. — Alitophili
veritatis Lacrymæ (aut. Cl. B. Moriſot.) — Vie &
Aventures d'Euphormion, 1733, 3 vol. p. in-12. —
— Horoſcopus Anticotonis, 1616, in-4.

472 Epiſtolæ obſcurorum virorum. Francof. ad M. 1581, in-
12.; ibid. 1643, in-12.; Londini, 1710. in-12, & Francof.
1757, 3 t. en 1 vol. in-12. — Epiſtola M. Bened. Paſſa-
vantii reſponſiva ad commiſſionem ſibi datam a D. P.
Lyſeto. Lutriviani, 1584, in-18. — Lamentationes obſcurorum virorum. Coloniæ, 1684, in-18.

473 P. Monmauri Opera, 1643 — H. Gentilis in Mamur-
ram = Gargilii Macronis Metamorphoſis. — Macrini
ΗΜΕΡΑ — Vita M. Gargilii Mamurræ. = Métamorphoſe
de Gomor en Marmite. — Hiſt. de la Vie & de la Mort du
Grand Moger. — Victor Lemovix, 1644, in-4. Mom-
mori ΑΠΟΧΥΤΡΑΠΟΘΕΩ ΣΙΣ, in-8. — Epulum Paraſiti-
cum. Norimbergæ, 1665, in-12

474 Satyre contre les Charlatans & Pſeudo-Médecins empy-
riques, par Th. Sonnet Sr. de Courval. Paris, 1610;
Défenſe Apologétique du S. de Courval, contre les Cen-
ſeurs de la ſatyre du Mariage. Ibid. 1610. Reponſe à la
contre Satyre, par l'Auteur des ſatyres du Mariage.
Paris, 1609. — Satyre menipée, ou Diſcours ſur les Poi-
gnantes Traverſes & Incommodités du Mariage, par le S.
de

de Courval. Par. 1662. — Les Œuvres satyriques du S.
de Courval. Par. 1622, in 8.

475 Chef - d'œuvre d'un Inconnu, 1754. — Productions d'Efprit de Swift, 1736. ═ Essai hist. sur les Lanternes, (par
Dreux du Radier), 1755, 3 vol. in-12.

476 Gesneri Socrates Sanctus Pæderasta. Traj. ad Rh. 1767.
in-8

477 Voltariana, 1749. — Maupertuisiana, 1753, 2 vol.
in-8.

478 Recueils de pièces pour & contre Voltaire, J. J. Rouf-
seau, Rivarol, Cerutti, & autres dont il sera fait plusieurs
lots.

Polygraphes.

479 M. Terentii Varronis Opera quæ supersunt, scilicet de
Linguâ Latinâ libri novem, & de Re rusticâ libri tres, cum
Jof. Scaligeri conjectaneis & notis. Ex typis Henrici Ste-
phani, 1573, in-8. vél.

480 Pyladis Opera, scilicet, Carmen scholasticum de Nomi-
num Declinationibus. Mediolani, 1507. — In Alex. De
Villadei Annotationes. *Ibid.*, 1506. — Deorum Genea-
logiæ versibus conclusæ. *Absque anni & loci indic.* —
Ejusd. Vocabularium, & Georgii Vallæ de Ortographiâ
Opusculum. Mediol., 1507, in-4. v. br.

481 Bern. Parthenius de poeticâ Imitatione. Venetiis,
1565 ; ejusd. Carmina. *Ibid.*, 1579; B. Parthenii pro
linguâ Latinâ Oratio. *Ibid.*, Aldus, 1545, in-4.

482 Laur. Vallæ Opera. Basileæ, 1540, in-fol. — Noctes
Mormantinæ, sive Jo. Bachotii de Mormant Opuscula.
Par. 1642, in-4.

483 Nic. Parthenii Giannettasii Opera. Neapoli, 1715 &
seq. 3 v. in-4. v. m.

484 Opera Pomponii Læti varia. Moguntiæ, 1521 ; Jo.
Rav. Textoris Epistolæ. Par. 1530, in-8. — A. Mariæ à
Schurman Opuscula. L. B. 1650, in-12. — D. Clerici
Orationes & Poemata. Amst. 1687, in-12. — Jac. Tevii
Opuscula. Par 1762, in 12

485 Oct. Ferrarii Opera varia. Wolffenbuttelii, 1711, 2
vol. in-8., v. m.

486 Ant. Goveani Opera, ed. Jac. van Vaassen. Roterodami, 1766, in-fol. v. m.

487 Taubmaniana, Germ. & Lat. Francof. 1707, in-8. —
Vereliana. h. e. Ol. Verelii varia Opuscula, ed. P. Schen-
berg. Lincopiæ, 1730, in-8.

G

488 Œuvres de Pafcal, La Haye (Paris), 1779, 5 vol.
in-8. portr. — Penfées du même. Par. 1778, in-8. v. m.

489 Œuvres de Fénélon. Paris, Didot aîné, 1787, 4 vol.
in-4. br. en cart.

490 Œuvres complettes de Fléchier. Nifmes, 1782, 5
vol. in-8. portr.

491 Opufcules de Fleury, & fupplément. Nifmes, 1780,
in-8., 5 vol.

492 Œuvres de Segrais. Paris, 1755, 2 v. in-12. ═ La Relation de l'Ifle imaginaire. (Bordeaux), 1659, in-8. v. br.
— Œuvres ch. de la Monnoye. Par. 1770, 3 v. in-8.

493 Œuvres de St. Réal. Paris, 1745, 6 v. in-12. — De
la Valeur, par le même. Cologne, 1689, in-12.

494 Œuvres diverfes de M. Borde. Lyon, 1783, 4 vol.
in-8.

495 Œuvres de Sterne, trad. de l'Anglois, 10 vol. in-12.
& in-18.

*Mélanges Littéraires, Entretiens, Dialogues, Bons-
Mots, Proverbes.*

496 P. Olivier Differtationes Academicæ. Par. 1672, in-
12. — Ejufd. Lacrymarum Deliciæ. Col. Ub. 1665, in-12.
— Famiani Stradæ Prolufiones Academicæ. Oxonii, 1745,
in-8.

497 Mélanges critiques de Littérature, par Ancillon. Bafle,
1698, 3 v. in-12. — Singularités hift. & littér. par D.
Liron. Paris, 1738, 3 v. in-12. — Mélanges hiftor. &
philologiques, par Michault. *Ibid.* 1754, 2 v. in-12.

498 N. Recueil de Pièces fugitives, par Archimbaud. Paris,
1717, 4 t. 2 v. in-12. — Recueil de Pièces d'Hift. & de
Littérature, par Granet, *Ibid.* 1731, 4 t. 2 v. in 12.

499 Mélanges d'Hift. & de Littérature, par Vigneul Mar-
ville. Paris, 1699, in-12. v. br. *avec notes mff.* de Bernard de la Monnoye. — Les mêmes. *Ibid.* 1725, 3 vol.
in-12.

500 Mém. de Littérature par Salengre. La Haye, 1715,
2 t. en 4 vol. in-8. v. f. — Continuation defdits Mémoires, par Defmolets. Paris, 1730, 11 vol. in-12. v. br.

501 Mém. de d'Artigny. Paris, 1749 & fuiv. 7 v. in-12.
v. m.

502 Mélanges de d'Orbeffan, & Variétés Littéraires. Paris
& Auch, 1768 & 1778, 6 vol. in-8.

503 Variétés férieufes & amufantes, par Sablier. Paris, 1765, 2 v. in-12. — Variétés morales & amufantes, par Fr. Blanchet. Paris, 1784, 2 v. in-12, v. m. — Apologues & Contes Orientaux, par le même. Paris, 1784, in-8. v. m. — Variétés Hiftoriques, Par. 1752, & Littéraires, 1770, 7 vol in-12.

503 bis. Pièces intéreffantes & peu connues, par de Laplace, 1783, 8 v. in-12.

504 Collection des *Ana*, 40 vol. in-12. — Nouv. Bibliothèque de Littérature, d'Hiftoire, ou choix des meilleurs Morceaux tirés des *Ana*, par M. G... Lille, 1765, 2 vol. in-12.

505 Chevræana. Paris, 1697, 2 v. in-12.
Exemplaire corrigé & aagmenté de la main de Chevreau.

506 Bignoniana ou Penfées de Jérofme Bignon, recueillies par M. Iffaly Avt. au Pt., mort en 1704, in-4. mff. corrigé de la main de M. Iffaly; dans le même Porte-feuille, nombre de Lettres & Pièces écrites par, ou à M. Bignon, ou qui le concernent; quelques Notes & Extraits du C. Beaucoufin annoncent qu'il projettoit une Edition de ce mff.

507 Peleteriana, ou Travaux Littéraires de M. Cl. Lepelletier Contr. Gal. contenant la Vie de M. Letellier, de M. Bignon, &c. in-4. & in-8., mff. corrigés de la main de M. Lepelletier. — Pithæana, in-fol. mff. fort différent, fuivant une note du C. Beaucoufin, du Pithæana, imprimé parmi les Eloges de Thou. — Patiniana & Naudeana, in fol. mff. Il eft imprimé avec beaucoup de retranchemens. Ce qu'on n'a pas imprimé, eft très-libre. Je l'ai confronté, porte une note de l'ab. Sepher, avec l'imprimé qui eft moins ample & moins hardi. Il y a des Notes curieufes de la part du Copifte.

508 Plufieurs Porte-feuilles renfermant les Travaux littéraires du C. Beaucoufin, dont les principaux font des Matériaux pour une édition nouvelle de Racan; un Recueil confidérable qu'il intitule : *Délaffemens d'un Jurifconfulte*; & des extraits fur Catherinot & fur Turnebe.

509 Jo. Stobæi Sententiæ, Gr. & Lat. Lugduni, 1638, in-fol. v. br.

510 Familiarium Colloquiorum Formulæ; Cebetis Pinax ; de moribus Puellæ Inftitutio; de Naturâ Mulierum ; Homeri Ranarum & Murium Pugna, & alia Variorum excerpta, Gr. & Lat. Antuerpiæ, 1547, in-12. — Hiftoriæ Poetarum Gr. & Lat. Dialogi, aut. L. G. Gyraldo. Bas.

(52)

1545; ejuſd. de Poetis noſtrorum temporum Dialogi. Florentiæ, 1551, in-8.

511 La Motte le Vayer, Hexameron ruſtique. Amſt. 1698. — Soliloques ſceptiques, 1670. — Neuf Dialogues à l'imitation des Anciens. Francf. (Trevoux) 1716, 4 vol. in-12.

512 Des bons Mots & des bons Contes, par de Callieres. Par. 1692. — Réflexions, Penſées & bons Mots qui n'ont point encore été donnés par le S. Pepinocourt (Jean Bernier). Ibid. 1696. — Paroles remarquables, bons Mots & Maximes des Orientaux. Ibid. 1694. — Recueil des bons Mots des Anciens & des Modernes. Par. 1702. = Traits d'eſprit, bons Mots... propres à orner la mémoire. Ibid. 1777, 5 vol. in-12.

513 Divers Propos mémorables des illuſtres Hommes de la Chretienté, par G. Corrozet. Paris, 1556. = Diſcours économique, utile & récréatif, par Le Choyſelat. Ibid. 1585, in-8. vél. v. fil.

514 Mich. Scotti, Mensa philoſophica. Francof. 1608, in-12. — Bonne Réponſe à tous Propos, trad. d'Ital. en François. Lyon, 1554, in-18. v. fil. = Mém. pour diſcourir ſur tout ſujet, ſans préparation, par Duchamps. Par. 1639, in-12.

515 Dictionnaire des Proverbes François, par Panckoucke. Paris, 1749, p. in-8. v. m.

Epiſtolaires.

516 Diverſorum Græcorum Epiſtolæ, Gr. & Lat. Aurel. Al. 1606, in-fol. — Phalaridis, Ariſtæneti. & Synæſii Epiſtolæ, Gr. & Lat. Baſileæ, 1558, & Par. 1610 & 1605. — C. Plinii Sec. Epiſtolæ. Lugd., 1551; notes mſſ. de P. Pithou, 4 v. in-8.

517 Lettres d'Abeillard & d'Héloïſe, en Lat. & en Franç. par D. Gervaiſe. Par. 1723, 2 v. in-12.

518 F. Victorii Epiſtolæ & Orationes. Florentiæ, apud Junctas, 1586, in-fol. v. m. (Très-bel Exemplaire).

519 Jo. Ant. Campani Epiſtolæ & Poemata. Lipſiæ, 1707, in-8.

520 Jac. Sadoleti Epiſtolæ. Romæ, 1759, 3 v. in-8. v. m.

521 D. Eraſmi, & P. Melancthonis Epiſtolæ. Londini, 1642, 2 vol. in-fol.

522 Hugonis Grotii Epiſtolæ. Amſtelodami, 1687, in-fol.

523 Iſaaci Caſauboni Epiſtolæ. Roterodami, 1719, in-fol.

524 Clarorum Virorum Epiſtolæ. Lugd., 1561, in-8. —

Clarorum Venetorum, & Belgarum Epiftolæ. Florentiæ, 1745, 4 v. in-12, v. m.

525 Pauli Manutii Epiftolæ. Venetiis, 1560 ; & Lipfiæ, 1681.—Ejufdem Epiftolæ & Præfationes. Venetiis, 1561. — Aldi Manutii Pauli F. de Quæfitis per Epiftolam libri tres. Venetiis, 1576, in-8., 4 vol.

526 Epiftolæ variorum, fcilicet. P. Bouelli familiares. Lut. C. Steph. 1551, in-8., notes mff. de Lamonnoie ; Marq. Gudii & Cl. Sarravii. Ultrajecti, 1697, in-4.; H. Langueii ad Cameraicum. Groningæ, 1646, & ad Ph. Sydnæum. Lugd. Bat. 1646, 2 vol. in-12. ; Mureti. Par. 1580, in-8. ; M. Ruari & aliorum. Amft. 1677, 2 vol. in-12. ; Ant. Sambellici. Par. f. d. in-4. ; Jof. Scaligeri. Lugd. Bat. 1627, in-8. ; Rav. Textoris. Rhotomagi, 1621. Parifiis, 1529 & 1535, 3 vol. in-8.

527 Recueil de Lettres Originales, écrites à M. le Mqis. de Chateauneuf pendant qu'il a tenu les fceaux, & durant qu'il a exercé la charge de Ier. Miniftre, ès années 1650 & 1651, vol. in-fol. de 504 feuillets, rel. v. f. fil.

528 Lettres de Mde. de Maintenon. Glafcow (Paris), 1756, 7 vol. p. in-12. v. m.

529 Epîtres Morales de Durfé ; Lettres Amoureufes & Morales, recueillies par Roffet ; Lettres Choifies de Simon, & 8 autres vol. de Lettres, in-8. & in-12.

530 Un Porte-feuille contenant des lettres et notes autographes, & les fignatures de plus de 100 perfonnages illuftres, parmi lefquelles font des lettres du Chancelier d'Agueffeau, du grand Corneille, de Domat, de Flechier, d'Henry IV, de Louis XIV, de Charles Duc d'Orléans en fa prifon d'Angleterre en 1419, de Stanislas Roi de Pologne, de Turenne, de Voltaire, &c. &c.

HISTOIRE.

Géographie, Voyages, Chronologie, Hiftoire vniverfelle.

531 Concorde de la Géographie, par Pluche. Par. 1764, in-12. = Plutarchus de Fluviorum & Montium nominibus, gr. & lat. Tolofæ, 1615, in-8.

532 La Géographie Sacrée & les Monumens de l'Hift. Sainte, par le P. Joly. Paris, 1784, in-4. fig.

533 Géographie Moderne, par Nicolle de la Croix. Par. 1773, 2 v. in-12. v. m.

534 Dict. claf. de géogr. ancienne, & Dict. interprête,

manuel des noms lat. de la géogr. ancienne & moderne.
Par. 1768 & 1777. — Dict. Géog. de Vosgien. Paris,
1784. = Le Partere Géogr. & Hist., par de Bouis. Par.
1753 , 4 vol. in-8.

535 Atlas de Lattré , en 73 cartes in-fol.

536 Voyage de la Terre Sainte , par Doubdan. Par. 1661 ,
in-4. v. br. fig.

537 Relation de la rivière des Amazones, trad. de l'espagn.
par Gomberville. Par. 1682 , 4 t. 3 vol. in-12. v. br. fil.—
Relation de la même rivière , par le C. de Pagan. Par.
1656 , in-8. — Voyage de la rivière des Amazones , par
de la Condamine. Paris , 1745 , in-8.

538 Relation de l'isle de Madagascar & du Brésil , & Hist.
des derniers troubles du Brésil , par Moreau. Par. 1651 ,
in-4. — Histoire de la grande isle de Madagascar , par
de Flacourt. Par. 1661 , in-4. fig

539 Journal d'un voyage de Rome & des principales villes
de l'Italie , par un Chanoine de St. Quentin (Gueulette)
parti au mois d'octobre 1753 , revenu au mois de septembre
1754 , avec 2 épîtres dédicatoires , dont l'une à M. Gueulette , aut. des Mille & un Quart-d'heure, in-4. mss. orig.

540 Voyages de Cyrus , par Ramsay. Londres , 1730 , in-4.
gr. pap.

541 Tablettes Chronologiques , par Lenglet Dufresnoy.
Paris , 1776 , 2 v. in-. v. m.

542 Chronologie collée. Par. 1622 , in-fol. gr. pap. m. r.

543 Justini Historiæ. Par. 1543 , in-8., *exemp. chargé des
notes mss. de J. Aug. de Thou, à qui il a appartenu.*

Histoire Ecclésiastique & Juive.

544 Hist. Ecclésiastique , par Fleury , avec la table. Paris ,
1720, 40 vol. in-12. v. br.

545 Li-Huns en sang-ters , par S. Roulliard. Paris , 1627 ,
in-4. — Historia Hospitalis S. Elizabethæ extrà muros
Mon. S. Maximini. Londini , 1786, in-4. fig. — Salva-
toris Vitalis Chronica Seraphici Monti Alvernæ. Florentiæ , 1630 , in-4. fig.

546 Hist. des Martyrs & de l'Eglise du Japon. Par. 1624
& 1689 , 3 vol. in-4. fig.

547 Les Figures , & l'Abrégé de la vie de St. - François
de Paule , par Dondé. Paris , 1671 , in-fol.

548 Mém. pour servir à l'Histoire de la fête des Foux ,

par Dutilliot. Laufanne, 1741 , in-4. fig. — Hift. de l'inftitution de la fête Dieu. Liège , 1781 , in-4.

549 Hift. des Juifs, trad. de Fl. Jofeph , par Arnauld d'Andilly. Paris , 1706 , 5 vol. in-12. v, br.

550 Melchifedech , ou difcours auquel on voit qui eft ce Grand-Prêtre Roy , & comme il eft encore aujourd'hui vivant en corps & en ame , par Jacq. d'Auzoles La Peyre. Paris , 1622 , in-8. (*Rare*).

Hiftoire Ancienne & Moderne.

551 Obfervations fur les Grecs & fur les Romains , par Mably. — Coutumes & Cérémonies des Romains , trad. de Nieuport, 4 vol. in-12.

552 Hift. Romaine , trad. de l'anglois de Laurent Echard. Paris , 1734 , 16 vol. in-12. v. m.

553 Abrégé Chronologique de l'Hift. de France , par le P. Henault. Paris , 1761. — Nouv. Abrégé Chronologique par Des Odoarts Fanlin. Paris , 1788 , in-8. 2 vol.

554 Hift. Crit. de l'établiffement de la Monarchie franç. dans les Gaules , par Dubos. Paris , 1742 , 2 vol. in-4. v. m.

555 Les grands jours d'Antitus , Panurge , Gueridon & autres , avec la continuation & la conférence d'Antitus , Panurge & Gueridon, in-8. , & autres traités fur l'hift. de France , 7 vol.

556 Hiftoire de l'Eglife de Paris , par M. Sarafin , mff. en 10 vol. in-4. & 2 cartons ou porte-feuilles.

557 Hiftoire de la ville d'Amiens , par Daire. Paris , 1767 , 2 vol. in-4. fig — Hiftoire Littéraire de la même ville , par le même. Paris , 1782 , in-4.

558 Hiftoire de Berry , par G. Th. de la Thaumaffière. Paris , 1689 , in fol.

559 Opufcules de Nicolas Catherinot , in-4°. , 83 *pièces* ; exemplaire très bien confervé , & conforme à l'article 5375 de la Bibliographie.

560 Recueil des mêmes opufcules de Catherinot , 136 pieces in fol , in-4°. , in-8°. & in-12. « Cette collection la » plus complette que l'on connoiffe , renferme 22 pièces » de plus que celle de la Bibl. nationale, du nombre » defquelles font plufieurs épigrammes autographes , » qui n'ont jamais été imprimées. Les éditeurs de la der- » nière édition de la bibl. hift. de la France n'ont pas » connu toutes ces pièces ; & le catalogue qu'ils ont

» donné en renferme plusieurs qu'ils ont attribuées faus-
» sement à Catherinot. On peut donc dire que la col-
» lection que nous offrons ici est de la plus grande rareté,
» et peut-être unique ».

561 Origines de Caen, par Huet. Rouen, 1706, in-8°.

562 Diverses anecdotes sur la Champagne, par Jacob Var-
nier, in-4°., manuscrit. *Voir Bibl. hist. de la Fr.*, *t.*
4., *n°. 34279.* = Abrégé de l'hist. de l'Abbaye de St.-
Nicaise de Reims, par Simon C., in-4., manuscrit. *V.*
même Bibl. t. 4., *supplément*, *n°. 12693.* = Marlot
Metropolensis Remensis historia 1666, in-fol.

563 Cartulaire, concernant la ville & commune de Dijon.
in-fol., manuscrit. *Voir Bibl. hist. de la F.*, *t. 3*, *n°.*
29641. — Cart. pour la ville de Laon & environs, in-
fol., manusc. *Voir même Bibl.*, *t. 3*, *n° 29681.*

564 Mémoires, & un très-grand nombre de pièces imprimées & manuscr., sur l'histoire de Noyon & du Noyonnois,
classés par ordre dans des cartons, pour une histoire générale & particulière de ce pays, à laquelle le citoyen
Beaucousin travailloit.

565 Relation de la peste de Marseille en 1720, par J. B.
Bourguet, in-fol., manuscr., avec plusieurs dessins à la
plume.

566 Henrici II Elogium & Tumulus, P. Paschalio aut.
Lut. 1560, gr. p. l. r. *Exemplaire du duc d'Epernon,*
il porte sur chaque côté de la couverture le médaillon en
relief de Henri II. Suivant une note en tête du volume,
il n'y a eu que 5 exemplaires de cette édition, savoir :
un pour la reine, un pour le cardinal de Lorraine, un
pour le duc de Joyeuse, un pour le pape, & le 5e. pour
le duc d'Epernon.

567 Curieuses singularités de France, par Dufousteau. Ven-
dôme, 1631, in-12 ; *notes manuscr. de Janet, & 8*
autres traités sur l'histoire de France.

568 L'Education d'Henri IV, par M. D... Béarnois. Paris,
1790, 2 vol. in 8., fig.

569 B. Brissonius de Regio Persarum Principatu, ed. Le-
derlin. Argentorati, 1710, in-8., m. r. d. s. tr. *Exem-*
plaire signé de Boivin à qui l'édition est dédiée. On y a
joint une lettre autographe de l'éditeur à Boivin, qu'il
prie d'agréer la dédicace du livre.

570 Traité de l'origine des noms & surnoms, par de la
Roque. Par., 1681. — Les diverses espèces de noblesse,
par le P. Ménestrier. Par., 1682, in-12, 2 vol.

571 Hift. généalogique de la maifon de Bouton, avec les preuves, par P. Pailliot, 1668, in-fol., *manufcrit. V. Bibl hift. de la Fr., t. 3, n°. 41496.*

572 Des anciennes Enfeignes & Etendards de France. Par. 1637, in-4. — Enfeignes de guerre des principales Nations, par Benneton, in-12.

573 Mémoire fur l'ancienne Chevalerie, par Sainte Palaye. Par., 1759, 3 v. in-12, v. m.

Antiquités.

574 B. Briffonius, & A. & Fr. Hermanni, de veteri ritu nuptiarum & jure connubiorum. L. B., 1641, in-12.

575 Pinax iconicus antiquorum in fepulturis rituum. Par. 1555, in-12, obl. fig. de Woériot. — L. G. Gyraldus, de fepulturà & vario fepelendi ritu. 1676, in-4. — Jo. Kirchmannus de funeribus Romanorum. Hamburgi, 1605, in-12. — Cæf. Bartholini Expontio veteris in puerperio ritus. Romæ, 1677, in-12.

576 And. Gryphii mumiæ Wratiflavienfes. Wratiflaviæ, 1662, in-12, fig.=Difcours abrégé touchant les Momies, par Fauvel. Par., 1726, in 12.

577 Jo. Nicolai Difquifitio de fubftratione & pignoratione veftium. Giffæ, 1701, in-12. — Ejusd. Tractatus de calcarium ufu & abufu. Francof., 1702, in-12. =Ag. Marifcottus de perfonis & larvis, earumque apud veteres ufu. Romœ, 1639, in-12. — Strenæ, Par., 1598, in-12. — H. Magius de tintinnabulis. Hanoviæ, 1608, in-8., fig.

578 And. Senftlebius de aleâ veterum. Lipfiæ, 1667, in-12, vél. = Carp. Sagittarius de januis veterum. Jenæ, 1694, in-12, vél.

579 P. Berthaldus de arâ. Nannetis. 1632, in-12. = Jo. Doughteus de calicibus euchariiticis veterum chriftianorum. Bremæ, 1694, in-12. = Jusft. Lipfius de Cruce. Lut. Par., 1598, in 8., fig.

580 Agoniiticon P. Fabri, sive de re athleticâ, ludisque veterum gymnicis, muficis, atque circenfibus fpicilegiorum Tractatus. Lugd., 1595, in-4., parch.

581 Barth. Beverini Syntagma de ponderibus & menfuris, quo veterum nummorum pretium ac menfurarum quantitas demonftratur. Lipfiæ, 1714, in-12.

582 Obfervations antiques de Syméon, 1558, fig. — Antiqua Auguftoduni Monumenta. 1650, fig. — Differta-

H

tations fur divers fujets d'antiquité , 1706. — Differtation
fur une fig. de bronze trouvée dans un tombeau , par
Moreau, 1706. — Lettre de M... à M... fur quelques monumens d'antiquité, 1756. fig. — Premier & deuxième
bulletins des feuilles d'une ville Romaine découverte en
1772, par Grigoon, in-4., in-8. & in-12.

583 Infcriptiones Witebergenfes, 1637. — Explication d'une
infcription trouvée à Lyon, par de Boze, 1705. — Differtation fur une ancienne infcription grecque des Athé-
niens, par Barthélemy, 1792. — Differtation fur un monument des Utriculaires de Cavaillon, par Calvet. 1766 ,
in-4. & in-8.

584 Découverte de la maifon de Campagne d'Horace , par
Capmartin de Chaupy. Rome , 1767 , 3 vol. in-8.

585 Obferv. fur les Antiquités d'Herculanum, par Cochin
& Bellicard. Paris. 1755 , in-12, fig. v. m.

Hiftoire Littéraire.

586 Jac. Mentelii de verâ Typographiæ origine Parænefis.
Parifiis, 1650, in-4. parch.

587 Hiftoire de l'origine & des progrès de l'Imprimerie, par
P. Marchand. La Haye, 1740. — Supplément à l'Hift. de
l'Imprimerie de P. Marchand, par Mercier. 1775, in 4.,
2 vol.

588 Mich. Lilienthalius de Hiftoriâ litterariâ certæ cujufdam
gentis fcribendâ. Lipfiæ, 1710, in-12.

589 Dan. Nettelbladt initia Hiftoriæ litterariæ juridicæ
univerfalis. Halæ Magdeburgicæ, 1774, in-8., en f.

590 Frid. Platneri Hiftoria Jurifcientiæ civilis Romanæ & By-
zantinæ , Lipfiæ, 1760, in-12. v. m. — Car. Ferd. Hom-
melii Litteratura Juris. Lipfiæ, 1779, in-8. br. en cart.

591 Jugemens des Savans, par Baillet. Paris, 1722, 8
vol. in-4. v. br.

592 Mém. de Niceron. Paris, 1729 & fuiv. 43 v. in-12,
v. br.

593 Bibl. Françoife de la Croix du Maine, & de du Verdier,
6 v. in-4.

594 Biblioth. Françoife, par Goujet. Paris, 1741, 18 vol.
in-12, v. m.

595 France littéraire, par d'Hébrailh, 5 vol. in-8. — Bibliot.
du Poitou, 1754, 5 vol in-12.

596 Bibliothèque des Auteurs de Bourgogne, par Papillon.
Dijon, 1745, 2 v. in-fol. v. br.

597 Biblioth. Chartraine par D. Liron, 1733, in-4. — Biblioth. Lorraine, par D. Calmet. Nancy, 1751, in-fol.

598 Bibliot. hift. & critique des Auteurs de la Congregatio de St. Maur, par D. Lecerf. La Haye, 1726, in-12, v^n br. — Hift. littéraire de la Congrégation de St. Maur, par D. Taflin. Paris, 1770, in-4.

599 Jac. Quetif, & Jac. Echard, Scriptores ord. Prædicatorum. Lut. Par. 1719, 2 vol. in-fol. v. m.

600 V. A. Deflelii Bibliotheca Belgica. Lovanii, 1643, in-4. v. f. — J. fr. Foppens eadem Bibliotheca. Bruxellis, 1739, 2 vol. in-4. v. br. fig.

681 Le Parnaffe François, avec les Supplémens, par Titon du Tillet. Paris, 1732 & fuiv. in fol. v. br.

602 Spachii nomenclator Scriptorum Medicorum, 1595; Scriptorum Philofophorum & Philologicorum, 1598. — Jo. Klefekeri Bibliotheca Eruditorum præcocium. Hamburgi, 1717. — Menagii-Hiftoria Mulierum philofopharum, 4 v. in-12.

603 Gefneri Bibliotheca in Epitomen redacta, ed. Jac. Frifio. Tiguri, 1583, in-fol. = Photii Bibliotheca, 1606, in-fol.

604 Morhofii Polyhiftor litter., Philof. & Practicus. Lubecæ, 1708, 2 v. in-4.

605 Augufti Beyeri Memoriæ hiftorico-criticæ librorum rariorum. Lypfiæ, 1734, in-12. — Bibliothèque choifie de Colomiès, 1731, in-12.

606 Frid. Got. Freytag Analecta litteraria de Libris rarioribus edita. Lypfiæ, 1750, in 8. vel. — Ejufdem Apparatius litterarius, ubi libri partim antiqui, partim rari, recenfentur. Lypfiæ, 1752, 3 v. in-3. v. m.

607 Biblioth. critique, par Sainjore (Rich. Simon); & nouv. Biblioth. choifie par le même. Amfterd. 1708 & fuiv. 6 vol. in-12.

608 Cl. Clementis Bibliothecæ Extractio, 1635. — Avis pour dreffer une Bibliothèque, par Naudé; la Bibliogr. politique & militaire, par le même. — Traité des plus belles Bibliothèques, par Jacob. — Traité des plus belles Bibliothèques de l'Europe, par Legallois. — Confeils pour former une Bibliot., par Formey. — Garnerii Syftema Bibl. Colleg. Par. Societatis Jefu, 8 vol. in-4. & in-12.

609 Jo. Lomierius de Bibliothecis. Ultrajecti, 1689, in-12, v. br.

610 Chrift, Sandii Bibliotheca Anti-trinitariorum. Frejfta-

dii, 1684, in-12. — Bibliotheca Anti-Janseniana, 1654, in 4.

611 J. Alb. Fabricii Bibliotheca antiquaria. Hamburgi, 1716, in-4. v. br.

612 Bibliothèque historique de la France, par Lelong. Paris, 1768, 5 vol. in fol. v. m.

Exemplaire annoté au crayon, par le C. Beaucousin.

613 P. Frid. Arpe Theatrum Fati. Roterodami, 1712, in-8. v. br.

614 Epitome de la Bibliotheca Orien. y occ., naut. y geogr. de D. A. de Leon Pinello. Eu Madrid, 1737; 3 t. 1 vol. in-fol. v. ec.

615 G. Ernesti de Franckenau Bibliotheca Hispanica, Historico-Genealogico-Heraldica. Lipsiæ, 1724, in-4. v. br.

616 Vincentii Placii Theatrum Anonymorum & Pseudonymorum, curante J. Al. Fabricio. Hamburgi, 1708, 2 t. en 1 vol. in-fol. v. br.

617 Ant. Teisserii Catalogus Auctorum qui librorum Catalogos, Indices, Bibliothecas, &c. scriptis consignarunt. Genevæ, 1684, in-4.

618 Catalogus Bibliothecæ Vindobonensis à J. Fr. Reimanno restitutus, 1712, in-12.

619 Bibliotheca Fayana, 1725, in-8. cum indice & pretiis auctionis.

620 Catalogus Bibl. Comitis de Hoym, 5738, cum ind. & pretiis, in-8.

621 Catalogue des livres de Lancelot, 1741. — De Secousse, 1755. — De Boze, 1753. = De Guyon de Sardière, 1759, 4 v. in-8.

622 Cat. des Livres imprimés & Manuscrits des Jésuites de la maison Prof. & du Collège de Clermont, 1763 & 1764, 3 vol. in-8. avec prix.

On vendra à la suite de ce n°. une grande quantité de Catalogues dont il sera fait plusieurs lots.

Vies des Hommes Illustres.

623 Dictionnaire historique par Moreri, avec les supplémens & les cartons pour celui de 1735. Paris, 1732 & suiv. 10 v. in fol. v. br.

624 Dictionnaire historique par Prosper Marchand. La Haye, 1758, 2 t. 1 vol. in-fol. v. m.

625 Dict. histor. de Ladvocat, 4 vol in 8. — Dict. des Auteurs ecclésiastiques, 2 vol. in-8.

626 Necrologe de la mort des Sçavans pour chaque jour de
l'année, par M. Galland, in-fol. mff. — V. Bibl. hift. de
la France, in-fol. n°. 45653.

627 Bibliotheca Chalcographica virtute & eruditione claris.
Virorum, collectore Boiffardo. Francof., 7 part. 1 vol. in-
4. fig. de Theo. de Bry.

628 Cafp. Cunradi Profopographiæ melicæ millenarii tres,
Francof. 1615, 3 p. en 2 vol. in-12. = Miræi Elogia Belgica, 1609, in-4. — Promptuarium Iconum infigniorum
à feclo hominum, cum eorum vitis, 1578, in 4. — Alma
Academia Leidenfis, 1614, in-4. fig.

629 Monumenta illuft. Virorum, & Elogia, ftudio Boxhornii,
1638, in-fol. fig. — Mufeum hiftoricum & phyficum Jo.
Imperialis, 1640, in-4. fig. = Theop. Spizelii Templum
honoris referatum. Aug. Vind, 1673, in 4. fig. — Ima-
gines præpofitorum Generalium focietatis Jefu, additâ
uniufcujufque vitâ à N. Galeotto, lat. & ital. Romæ,
1748, in-fol.

630 Icones virorum Doctorum Europeæ, collect. Jan. Jac.
Boiffardo. Francof. 1643, in 4; 263 *portraits.*

631 Cornelius Nepos, c. n. Traj. ad Rh. 1691, in-12. —
Ejufd. Vita Attici. Amft. 1637, in-18, m. r. d. f. tr. =
Ritratti & Elogii di Capitani illuftri in Româ, 1635, in-
4. fig.

632 J. And. Quenftedt Dialogus de patriis illuftrium doctrinâ
& fcriptis Virorum, 1654, in 4. — P. Jovii Elogia Virorum litteris illuftrium, 1577, in-fol. fig. = Portraits des
Hommes illuftres en piété & en doctrine, par Th. de
Beze, 1581, in 4. fig. = Nic. Reufneri Icones Virorum
litteris illuftrium. Argent. & Baf. 1587, 1589 & 1590, 3
vol. in-8.

633 Icones Virorum doctrinâ & eruditione illuftrium cum
eorum Vitis, per Boiffardum, & Th. de Bry. Francof.
1597 & 1599, 2 v. in-4. fig.

634 Elogii d'Huomini letterati, fcritti da L. Craffo. in Ve-
netiâ, 1666, 2 v. in 4.

635 Memoriæ Philofophorum, Orat., poet. hiftor. & phi-
lologorum noftræ ætatis renovatæ, curâ Frid C. Hagen.
Francof. 1750, in-12. — Pauli Colomefii Italia & Hifpania
orientalis, c. n. Wolfii. Hamburgi, 1730, in-4. — C.
Griphii vitæ felectæ XVII erud. Hominum. Uratiflaviæ,
1739, in-8.

636 D. Pauli Freheri Theatrum Virorum eruditione clarorum. Noribergæ, 1658, 2 vol. in-fol. fig. v. br.

637 Melch. Adami Silesii vitæ eruditorum Germanorum & Externorum. Francof. 1606, in-fol. = Vinc. Paravicini singularia de Viris eruditione claris. Baf., 1713, in-12. — Eloges des Hommes favans, tirés de l'Hift. de M. de Thou, 1715, 4 vol. in-12,

638 Vies des plus célèbres Jurifconfultes, par Taifand, 1737, in-4. = Vitæ clarorum Jurifconfultorum X, ex rec. Leickeri. Lipfiæ, 1686, in-12.

639 Hiftoire générale & particulière des Poëtes Français anciens & modernes, par Guillaume Colletet. *Manufcrits renfermés dans des cartons, avec plufieurs pièces autographes de Colletet, relatives à cet Hiftoire. Voir Bibl. hifl. de la Fr., t. 4, n°. 47266.*

640 De memorabilibus & claris Mulieribus ; collect. Revifio Textore. Par., 1521, in-fol.

641 Hommes illuftres de Provence, par Bougerel. 1752, in-12 ; & de Lorraine, par Chevrier. 1754, 2 t. 1 vol. in-12, *notes manufcrites de Jamet.* = Les Lyonnois dignes de mémoire, par Pernetty. 1757, in-8.

642 Collection d'environ 1400 Vies ou Hiftoires particulières, & d'environ 2000 Eloges & Oraifons funèbres de perfonnages illuftres de l'un & l'autre fexe, tant imprimées que manufcrites, in-fol., in-4., in-8., in-12 & in-18, dont les bornes d'une notice ne permettent point la defcription.

Mélanges hiftoriques.

643 Æliani variæ Hiftoriæ, gr. & lat., cum notis Jo. Schefferi. Argentorati, 1647, in-8.

644 G. Panciroli res memorabiles five deperditæ. Francof., 1631, in-4., vél.

645 Ph. Camerarii horæ-fubcifivæ. Francof. 1644, in-4. — Le Choix de plufieurs hiftoires & autres chofes mémorables tant anciennes que modernes, appariées enfemble (par Adrien de Boufflers). Paris, 1608, in-8.

ORDRE DES VACATIONS.

Le 7 Ventôse.

Théologie . . n.º. 1— 7.
Sciences & Arts . 64— 81.
Belles-Lettres . . 248—277.
Histoire . . . . . 531—543.

Le 8.

Théologie . . . 8— 15.
Sciences & Arts . 82—105.
Belles-Lettres . . 278—303.
Histoire . . . . . 544—550.
——————— . . . 642.

Le 9.

Théologie . . . . 16— 15.
Sciences & Arts . 106—114.
Belles-Lettres . . 304—340.
Histoire . . . . . 551—560.

Le 11.

Théologie . . . 26— 31.
Sciences & Arts . 115—128.
Belles-Lettres . . 341—368.
Histoire . . . . . 561—573.

Le 12.

Sciences & Arts . 129—138.
Belles-Lettres . . 369—415.
Histoire . . . . . 574—585.

Le 13.

Jurisprudence . . 32— 37.
Sciences & Arts . 139—156.
Belles-Lettres . . 416—446.
Histoire . . . . . 586—592.

Le 14.

Jurisprudence . . 38— 43.
Sciences & Arts . 157—166.
Belles-Lettres . . 447—478.
Histoire . . . . . 593—612.

Le 15.

Jurisprudence . . 44— 50.
Belles-Lettres . . 479—495.
Histoire . . . . 613—622.
Sciences & Arts . 167—194.

Le 16.

Jurisprudence . . 51— 63.
Belles-Lettres . . 496—515.
Histoire . . . . . 623—633.
Sciences & Arts . 195—218.

Le 17.

Belles-Lettres . . 516—530.
Sciences & Arts . 219—247.
Histoire . . . . . 634—645.

On vendra au commencement & dans le cours de chacune des vacations, beaucoup d'articles qui ne sont point sur la notice; & à la fin de la vacation du 17, tous les corps de Bibliothèque.

www.ingramcontent.com/pod-product-compliance
Lightning Source LLC
La Vergne TN
LVHW022116080426
835511LV00007B/854

* 9 7 8 2 0 1 2 6 3 9 9 1 1 *